생활 전도

구자영 저

생활 전도

초판 1쇄 2024년 11월 1일
지은이 구자영
펴낸이 박수정
발행처 도서출판 카리타스
주소 부산광역시 동구 중앙대로 298(초량동) 부산 YWCA 303호
전화 051)462-5495
등록번호 제3-114호

ISBN 978-89-97087-85-3

이 출판물은 저작권법에 의해 보호를 받는 저작물이므로 무단 복제 할 수 없습니다.
잘못된 책은 교환해 드립니다.

생활 전도

구자영 저

서언

제가 전도에 관심을 가지게 된 것은 고신의대 내과 교수로서 환자를 보기 시작한 1984년 경 부터 였습니다. 그때 병실이나 응급실에서, 암이나 다른 심한 질병으로 환자들이 죽어가는 것을 볼 때마다, 그들에게 복음을 전하고 싶은 마음이 간절하였지만, 말이 잘 나오지 않고, 전도 방법도 잘 몰라서 속으로만 늘 안타까워 했습니다. 특히 제가 잘 알던 고교 선배 검사가 암으로 죽어 갈 때에도, 복음을 전하지 못했던 것이 너무도 가슴 아팠습니다.

그런 저를 안타깝게 여기셨는지, 하나님께서 국비 장학생으로 미국 텍사스 주 갈베스턴의 UTMB대학에 교환교수의 길을 열어 주셔서, 1989년 1월부터 1년간 미국에서 연구할 수 있게 되었습니다.

그 기간 동안에 새로운 연구도 잘하게 해 주셨을 뿐 아니라, 그 당시 우리나라에서는 잘 알려져 있지 않았던, "전도 폭발" 훈련을 미국 현지(휴스턴 한인교회)에서 9월부터 12월까지 16주간에 걸쳐서 아내와 같이 받게 해 주셨습니다. 그 당시에 훈련을 받으면서, 참으로 많은 하나님의 사랑과 은혜를 받았고, 죽어가는 영혼에 대한 사랑도 더욱 강해졌으며, 전도에 자신감도 가지게 되었습니다. 그래서 이 모든 훈련이 끝나고 수료식을 가지던 날, 저는 휴스턴 한인교회 500여 성도님들 앞에서 앞으로 "한 손에는 청진기 한 손에는 복음"을 들고 평생을 살아갈 것이라고 간증하였습니다.

그 후 1990년에 귀국하여, 고신의대 복음병원에서 외래 및 병실에서 환자들을 대상으로 복음을 전하기 시작했습니다. 외래진료가 있던 날에는 많은 환자들을 보고 난 후에 전도 대상자를 택해서 나중에 복음을 전하였고, 병실에서도 복음을 전하였습니다.

그리고 1991년부터 2000년까지 10년간 매달 1회 주일날 경남일대 농어촌을 대상으로 의료전도를 하였습니다. 제가 진료하고, 제 아내와 다른 두 분이 전도하였는데, 하나님이 은혜를 주셔서 무당이 교회에 출석하는 역사도 있었습니다.

그 후 2000년 고신의료원장을 거쳐 2004년 7월 고신의대 교수를 그만 두고 부산 대연동에서 구자영내과의원을 개업하여 지금까지 전도하고 있습니다.

그런데 제가 지금까지 수십년 환자에게 전도해 본 결과, 기존의 4

영리나 전도폭발 방법은 아주 좋은 전도 방법이지만, 실제 생활 현장에서 적용할 수 있는 전도법이 있으면 좋겠다는 생각이 들었습니다.

그래서 그동안 행해 온 의료 현장에서의 전도경험과 하나님의 인도하심을 따라서 실제로 "하나님을 떠난 인생"의 모든 문제들이 파노라마 처럼 펼쳐지는 생활 현장에서의 생활 이야기들을 나누면서, 현실적인 필요대로 하나님을 만나고, 인생의 답을 얻는 전도 방법 – 생활 전도– 을 확립하게 되었습니다.

그래서 복음을 전하고자 하는 열정을 지닌 모든 분들께 조금이라도 도움이 되고자 하는 마음으로 이 소책자를 만들게 되었습니다.

바라옵건대 하나님의 은혜로 이 소책자가 전도하기를 열망하는 모든 분들께 작지만 쓸모 있는 지침서가 되었으면 너무도 감사하겠습니다.

2024. 8. 한여름 가운데 대연동에서 구 자 영

| 추천사

참 좋은책 "생활전도"

거두절미하고 말한다.

이 책은 한국교회에 주시는 귀하고 절박한 광야의 소리처럼 들린다.

코로나로 상처받고 동성애, 차별금지법, 심지어 교회폐쇄법으로 억눌린 복음선교 현장에 어엿이 던져진 생명줄로 보인다.

필자는 천국과 지옥을 정면에 내세우고 전도하지 않는 침묵의 죄를 거론한다.

때를 얻든지 못얻든지 성령께 위탁하고 담대히 전하라고 권고한다.

하늘에 속한 자냐 땅에 속한 자냐를 식별하는 잣대를 전도로 확정하는 모습을 그의 일상생활에서 보여준다.

찾아오는 환자의 육신의 질고와 아울러 영혼의 상태에 관심을 갖고 예수처방 복음진료를 수행한 간증들은 생활전도의 금자탑이라 할 수 있다.

이핑계 저핑계 하면서 전도에 소홀히 해 온 그리스도인, 특히 천국에 갖고가지 못할 것들을 획득하느라 헛수고하는 형제 자매들에게 이 좋은책을 필독하시기를 소원합니다.

김경래
(한국기독교100주년기념재단 부이사장)

| 목 차

서언
추천사

전도 일반

A. 개관(槪觀) ··· 15
   1. 전도란 무엇인가?
   2. 천국과 지옥은 확실히 있다.
   3. 예수 믿는 사람은 천국에 가고, 믿지 않는 사람은 지옥 간다.

B. 문제의 근원 ··· 18
   1. 그 원인은 : 인간의 근본 문제(불순종, 죄) 창 1:26-3:24, 롬5:12
   2. 죄인이 된 인간 : 하나님을 떠난 인간의 비참

C. 해결책 – 인생의 답 ··· 24
   1. 유일한 해결책 – 하나님 다시 만나는 것.
   2. 모든 사람은 하나님 만나야 산다 : 만나게 해 주는 것이 전도다.
   3. 그래서 예수님이 오셨다.
   4. 예수님이 하신 일
   5. 그 결과, 하나님 만나는 길이 열렸다 : 복음

6. 복음 전도 : 예수님 믿고 하나님 만나게 하는 것
　　7. 전도의 결과

D. 전도의 필요성 ──────────────── 28
　　1. 그래서 우리는 전도해야 한다.
　　2. 침묵하는 것은 죄다.
　　3. 그런데 전도는 어렵다고 한다. 왜?
　　4. 전도는 하나님이 하신다.
　　5. 그래서 전도는 쉽다.

생활 전도

　　1. "생활 전도" – 생활 현장에서 하나님을 만난다. ─────── 39
　　2. 생활 전도의 과정과 특징 ──────────────── 41
　　3. 생활 전도의 무대 : "생활 현장" ─────────── 43
　　4. 생활 전도의 실제 ──────────────────── 52
　　　　1) 그들의 일반 생활
　　　　2) 하나님 소개 및 복음에로의 초대
　　　　3) 그들의 관심사
　　　　4) 복음 증거
　　　　5) 믿고 마음에 영접하시겠습니까?
　　　　6) 구원 확인 및 즉석 양육

생활 전도 사례 ────────────────────── 97

전도 일반

A. 개 관 (概 觀)

1. 전도란 무엇인가?
사람은,
살아서 하나님 만나면 천국이요,
죽어서 하나님 만나면 지옥입니다.

그래서, 모든 사람은 무조건 살아서 하나님 만나야
합니다.

그 하나님 만나게 하는 것이 전도입니다.
예수님 믿게 해서, 하나님 만나게 하는 것이 전도입니다.
그것을 좀 더 명확하게 알기 위해서, 우선 천국과 지옥에 대해서 아는 것이 중요합니다.

2. 천국과 지옥은 확실히 있다.
우리나라에는 옛날부터 "착한 일 하면 천당 가고 나쁜 짓 하면 지옥간다"는 말이 있습니다. 하나님을 모르던 그 시대에도, "천당(천국)과 지옥"이 있다는 생각은 널리 퍼져 있었던 것입니다.

그런데, 성경에는 실제로 천국과 지옥이 있음을 알려 주고 있습니다.

눅16:22-28절의 낙원과 음부, 마5:29-30, 마10:28, 마11:23, 마23:33절의 지옥, 막9:43, 마5:22, 마18:9절의 지옥불, 계20:14-15절의 불못에서 계속 지옥이 실재함을 말씀하시고 있습니다.

마10:28 "몸은 죽여도 영혼은 능히 죽이지 못하는 자들을 두려워하지 말고 오직 몸과 영혼을 능히 지옥에 멸하시는 자를 두려워하라"

그런데 세상의 믿지 않는 사람들 대다수가 이 천국과 지옥을 부정합니다. 천국과 지옥이 있음을 인정하는 것은 그들에게는 너무도 큰 부담과 괴로움이 될뿐더러, 인생의 기반이 흔들릴 수도 있기 때문에 애써 외면하거나 부정합니다.

그러나 우리는 우리 자신이 이것을 확실히 믿을 뿐 아니라 믿지 않는 사람들이 그것을 부정할 때에도, 우리는 하나님의 성경 말씀에 근거해서 천국과 지옥은 있다고 해야 합니다. 이것은 전도할 때에 아주 중요합니다.

3. 예수 믿는 사람은 천국 가고, 믿지 않는 사람은 지옥 간다.

"누구든지 생명책에 기록되지 못한 자는 불못에 던져 지더라"
(계20:15)

"뱀들아 독사의 새끼들아 너희가 어떻게 지옥의 판결을 피하겠느냐"
(마23:33)

이 사실은 우리 그리스도인이면 누구나 잘 알고 있는 사실입니다. 그래서 그 옛날 최권능 목사님은 이에 대해 한 마디로 "예수 천당, 불신 지옥"이라고 외쳤던 것입니다.

그러면, 이제 왜 이렇게 되었는지, 그 원인을 한 번 살펴 보고, 그에 대한 해결책에 대해서 알아보겠습니다.

B. 문제의 근원

1. 그 원인은 : 인간의 근본 문제(불순종, 죄)
창1:26-3:24, 롬5:12

창세기는 하나님이 천지를 지으시고 만물을 창조하신 시작과 근원의 책으로서, 여기에 그 원인이 나와 있습니다. 살펴보면,

**1) 본래, 인간은 하나님과 교통하며 살도록 되어 있습니다.
(창1:22-2:25)**

인간은, 하나님의 형상대로, 영혼과 육체를 가지고, 피조된 인격체로, 남자와 여자로, 하나님의 명령을 지키고, 세상의 모든 피조물을 다스리며 살도록 창조되었습니다. 그래서, 물고기가 물을 떠나면 살 수 없듯이, 인간은 하나님과 교통(교제)하며 살아야 합니다.

2) 그런데, 아담과 하와가 하나님의 명령에 불순종(범죄)하여 선악을 알게 하는 나무의 과실을 따 먹었습니다. (창3:6-13)

아담과 하와가 하나님께 선악을 알게 하는 나무의 실과를 따 먹음으로써, 하나님의 명령에 불순종(범죄)하였습니다.

그 이후, 인간은 죄인이 되어, 절대적인 불안과 두려움과 스트레스가 생겼고, 계속 범죄하게 되었고, 이것이 인간의 모든 문제의 시작입니다.

3) 불순종(범죄)으로 인해 죄인이 되어 죽게 되었고, 에덴동산에서 쫓겨나서 하나님과의 교통이 끊어 졌습니다.(창3:14-24)

아담과 하와가 하나님의 명령에 불순종하여 죄를 지은 결과, 에덴동산에서 쫓겨나서 하나님과의 관계가 끊어졌습니다(영적 죽음). 그리고 임신하고 해산하는 고통이 찾아오고, 노동하고 땀 흘리는 수고가 찾아 왔습니다. 땅도 그들로 인해 저주를 받았습니다. 그리고 마지막으로 육신의 죽음이 찾아 왔습니다.

"예수께서 이르시되 죽은 자들이 그들의 죽은 자들을 장사하게 하고 너는 나를 따르라 하시니라"(마8:22)

4) 그리고, 죄인이 된 아담의 후손인 모든 사람도 죄인이 되고, 죽게 되었습니다. (롬5:12, 롬3:10, 롬3:23)

롬5:12 그러므로 한 사람으로 말미암아 죄가 세상에 들어오고 죄로 말미암아 사망이 들어왔나니 이와 같이 모든 사람이 죄를 지었으므로 사망이 모든 사람에게 이르렀느니라

롬3:23 모든 사람이 죄를 범하였으매 하나님의 영광에 이르지 못하더니

죄인이 된 아담의 후손인 우리들은 죄인의 혈통을 따라서 낳기 때문에, 날 때부터 죄인입니다.

우리가 죄를 지어서 죄인이 아니라, 죄인이기 때문에 죄를 짓게 되어 있습니다. 마치 사과나무에서 사과만 열리듯이, 죄인은 죄를 짓게 되어 있습니다. 세상에 어느 누구도 여기에 예외가 될 수 없습니다.

2. 죄인이 된 인간: 하나님을 떠난 인간의 비참

1) 그렇게 죄인이 된 사람은,
하나님과의 관계가 끊어진 영적 죽음을 맞이하였습니다. 죽음의 세력을 잡은 마귀를 따라가서 사망 권세에 매여 있게 되었습니다. 그러나, 자신이 주인이라고 착각하고 살아갑니다. 그러나 늘 불안, 스트레스, 두려움, 허무함의 마음은 없앨 수 없습니다.

그래서, 그것에서 조금이라도 벗어 나기 위해서, 종교, 철학, 예술, 문화, 과학, 스포츠 등을 발전시키고, 부귀, 권세, 재물을 추구하지만, 답은 없습니다. 모두 죽으면 헛것입니다. 이 땅에 천국은 없습니다. 언젠가 이 땅이 없어질 날이 오고, 예수님은 다시 오시고, 새 하늘과 새 땅이 열립니다.

"전도자가 이르되 헛되고 헛되며 헛되고 헛되니 모든 것이 헛되도다"
(전1:2)

2) 그런 사람의 모습은,
그렇게 살아가는 그들은, 화려한 갑옷 속에 문둥병을 앓고 있는 나아만 장군(왕하5:1)입니다. 여리고 내려가다 불시에 강도 만난 자(눅 10:30)입니다. 고향을 잃어버리고 실락원한 나그네들(창3:23)입니다.

벧전1:24 그러므로 모든 육체는 풀과 같고 그 모든 영광이 풀의 꽃과 같으니…

그들의 생은 풀과 같고, 그림자 같고(욥14:2), 티끌 같고(시90:3), 잠깐 있다가 없어지는 안개(약4:14)와 같고, 그들의 생은 한 줄기 바람처럼 헛되고 헛된 것(전6:12)입니다. 일평생에 근심하고 수고하는 것이 슬픔뿐이고(전2:23), 기쁨 끝에도 눈물이 있습니다.

그래서 그들은 영원을 사모하며, 유명한 최희준 가수의 "인생은 나그네 길 어디서 왔다가 어디로 가느냐"를 부르며, 떠나온 본향(천국)을 그립니다.

그것이 "하나님을 떠난 인간의 비참" 입니다. 예외가 없습니다.

그래도 남들이 다 그렇게 살아가니까, 공부하고, 시집가고, 장가가고, 애들 낳고, 키우고, 고생고생 하다가, 어느 덧 노인. 건강 걱정하고, 안 늙으려고 발버둥 쳐도, 찾아오는 죽음 따라 북망산천, 흙으로 가는 것이 "하나님을 떠난 인간"의 일생입니다.

창3:19 …너는 흙이니 흙으로 돌아갈 것이니라…

3) 가만히 놔 두면,

그래서, 그대로 두면, 인간은, 있을 자리에 안 있고, 속아 살면서, 수고하고 무거운 짐만 지고 가다가, 죽어서는 영원 형벌, 지옥 갑니다. 예외가 없습니다.

설사 그가 강력한 왕이라도, 큰 부자라도, 유명한 학자라도, 또는 거지라도, 또는 고결한 도덕군자라도, 남녀노소, 빈부귀천을 가릴 것 없이 그들은 죽습니다. 아무리 호화로운 집에서 산다고 해도, 아무리 좋은 옷을 입고 있다 해도, 아무리 호화로운 만찬을 즐긴다 해도, 그들은 죽습니다. 그들이 스스로 뽐내며, 자랑하며, 스스로 만족한다 해도 그들은 여전히 영원 형벌, 지옥 갑니다.

"누구든지 생명책에 기록되지 못한 자는 불못에 던져 지더라"
 (계20:15)

4) 그런데, 우리도 전에는 그랬습니다.

우리도 전에는 그러하였습니다. 우리도 전에는 그들과 다를 바 없는 "멸망하는 짐승"(시49:12) 같은 존재들이었습니다. 영원한 "지옥불"만이 우리를 기다리고 있는 그러한 존재들이었습니다.

"우리도 전에는 어리석은 자요 순종하지 아니한 자요 속은 자요 여러 가지 정욕과 행락에 종노릇한 자요 악독과 투기를 일삼은 자요 가증스러운 자요 피차 미워한 자였고"(딛3:3), "하나님을 모르고 자기의 의를 세우려고 힘써 하나님의 의에 복종하지 아니한 자"(롬 10:3) 이었습니다. 이 땅의 생이 다인 줄 알고, 허탄한 자랑을 하며, 장사를 해서 이익을 남기자고 속삭였습니다(약4:13). 우리도 전에는 "철학과 헛된 속임수(골2:8)를 쫓고, 세상의 초등학문을 따라가며(골2:20), 스스로를 치장하려던 자들이었습니다.

그래서, 우리는 우리가 얻은 해결책-하나님 만나는 것-을 그들에게 전해야 합니다.

C. 해결책 – 인생의 답

1. 오직 유일한 해결책은,
하나님 다시 만나는 것입니다

이 모든 문제에 대한 오직 유일한 해결책은 하나님을 다시 만나는 것 밖에 없습니다.

본래 인간이 에덴동산에서 하나님과 교통하며 살다가 죄를 지음으로 에덴동산에서 쫓겨나서 하나님과의 교통이 끊어지게 되었고, 그로 인해서 죽음을 포함한 인간의 모든 문제들이 찾아 왔기 때문에, 이에 대한 해결 방법은 오직 하나님을 다시 만나서 그 관계를 회복하고 예전처럼 다시 교통하며 사는 것입니다.

2. 그래서 모든 사람은 하나님 만나야 삽니다
: 만나게 해 주는 것이 전도입니다

그래서 모든 사람들은 하나님 만나야 합니다. 그래서 하나님 만나게 해 주는 것이 전도입니다.

그러나 하나님과 다시 만나고 교통하기 위해서는 먼저 죄인 된 우리의 문제가 해결되어야 합니다.

하나님은 본래 죄가 없으신 분이기 때문에 죄인 된 우리와는 만날 수 없습니다. 만약 우리가 죄인의 신분으로 하나님을 만난다면 우리는 죽을 수 밖에 없습니다.

그래서 살아서 하나님을 만나기 위해서는 우리 죄의 문제를 해결해야 합니다. 그러나 우리 스스로는 우리의 죄를 해결할 수 없습니다. 왜냐하면, 우리가 우리 죄를 해결하려면 우리 죄 값으로 죽어야만 합니다. 그래서, 살아서는 우리가 도저히 하나님 만날 수가 없는 것입니다.

그러나 우리를 너무도 사랑하시는 하나님은 우리 죄의 문제를 해결하고, 우리가 살아서 하나님을 만날 수 있도록 그 방책을 마련해 두셨는데, 그분이 바로 예수님입니다.

3. 그래서 예수님이 오셨습니다.

하나님이 이 모든 인간의 문제를 해결하시기 위해서 범죄한 아담과 하와에게 예언 하신대로 (창3:15), 인간의 몸을 입고 오신 하나님의 아들 예수님을 이 땅에 보내셨습니다.

4. 예수님이 이 땅에 오셔서 하신 일은

1. 전도하셨습니다.(막1:38-39)
2. 죄의 문제를 해결하셨습니다.(마20:28)
3. 우리에 대한 하나님의 사랑을 확증하셨습니다.(롬5:8)
4. 다시 부활하셔서, 사망 권세를 깨뜨리셨습니다.(마28:6)

우리가 아직 죄인 되었을 때에 그리스도께서 우리를 위하여 죽으심으로 하나님께서 우리에 대한 자기의 사랑을 확증하셨느니라 (롬 5:8)

하나님의 사랑이 우리에게 이렇게 나타난 바 되었으니 하나님이 자기의 독생자를 세상에 보내심은 그로 말미암아 우리를 살리려 하심이라 (요일4:9)

5. 그 결과, 하나님 만나는 길이 열렸습니다
: 복음

하나님의 아들 예수님이 오셔서, 우리의 모든 문제를 해결하시고, 하나님과 교통하는 길을 다시 여셨습니다.

이것이 바로 복음 곧 좋은 소식(GOOD NEWS!)입니다. 즉, 예수님이 오셔서, 하나님 만나는 길이 열렸고, 지옥(사망)에서 천국 가는 길이 열린 것입니다.

복음은,
하나님의 아들 예수님 믿고, 하나님 만나서 다시 사는 것입니다.
"하나님의 아들 예수 그리스도가 이 땅에 오셔서, 우리 대신 십자가에 못 박혀 피 흘려 돌아 가셔서, 우리 죄를 몽땅 사하여 주심으로, 우리가 하나님과 다시 교통하게 되었고, 이를 믿는 자마다 하나님의 자녀가 되고, 천국 간다"는 귀한 소식입니다.

6. (복음)전도는 예수님 믿고 하나님 만나게 하는 것입니다

이것을 전하는 것이 전도(복음전파)입니다. 즉, 예수님 믿고 하나님 만나서 천국 가도록, 좋은 소식-복음을 전해 주는 것입니다.

막16:15 또 이르시되 너희는 온 천하에 다니며 만민에게 복음을 전파하라

7. 전도의 결과,

전도의 결과는, 예수님을 믿어서 하나님을 만남으로,
인생의 답(요:14:6)을 얻고,
하나님의 자녀(요1:12)가 되고,
하나님이 영원한 내 편(요10:28)이 되고,
하나님이 주인(갈6:18)이 되는 것입니다.

요1:12 영접하는 자 곧 그 이름을 믿는 자들에게는 하나님의 자녀가 되는 권세를 주셨으니

요10:28 내가 저희에게 영생을 주노니 영원히 멸망치 아니할 터이요 또 저희를 내손에서 빼앗을 자가 없느니라
(하나님은 영원한 내 편입니다)

D. 전도의 필요성

1. 그래서 우리는 전도해야 합니다
예수님 믿고 하나님 만나게 해야 합니다. "인생의 답"을 얻게 해야 합니다. "천국에 가는 확신"을 갖게 해야 합니다. "하나님의 자녀"로서, "모든 것의 주인"이신, "영원한 내 편"을 모시고 세상을 이기며 살아가게 해야 합니다.

2. 침묵하는 것은 죄입니다.
전도해야 할 때 전도하지 않고, 말을 해야 할 때 말하지 않고, 침묵하는 것은 죄입니다. 무관심은 죄입니다. 수많은 사람들이 죽어 가고

있는데, 그냥 무관심히게 침묵하는 것은 죄입니다.

> 겔 3:18 가령 내가 악인에게 말하기를 너는 꼭 죽으리라 할 때에 네가 깨우치지 아니하거나 말로 악인에게 일러서 그의 악한 길을 떠나 생명을 구원하게 하지 아니하면 그 악인은 그의 죄악 중에서 죽으려니와 내가 그의 피 값을 네 손에서 찾을 것이고

> 사6:8 내가 또 주의 목소리를 들으니 주께서 이르시되 내가 누구를 보내며 누가 우리를 위하여 갈꼬 하시니 그 때에 내가 이르되 내가 여기 있나이다 나를 보내소서 하였더니

3. 그런데, 전도는 어렵다고 합니다.

그렇지만 실제 생활에서 전도를 실행하기에는 어려운 때도 많습니다. 왜 그런가? 내가 하려니까 어렵습니다. 즉, 나에게 문제가 있습니다.

전도하면 성공해야 한다는 강박관념이나 실패에 대한 두려움 때문에 입을 열지 못할 때가 많습니다.

내 스스로의 구원의 확신을 가지지 못할 때, 또는 구원의 감격이 사라지고, 나도 기쁘지 않은데 남에게 전할 마음이 안 생깁니다.

어떤 때는 사회생활에서의 여러 조건에 얽매여서, 혹은 전해도 믿겠나? 나만 이상한 사람 되지 않을까? 관계가 깨어지지는 않을까?

거절당하면 어찌할 건가? 등등의 생각으로 머리에서만 맴돌다 그만 둘 때도 많습니다.

또 막상 하려니 처음 운을 떼는 것이나 실제로 복음 증거하는 방법을 잘 몰라서 전도를 하지 못할 수도 있습니다.

그러나 실제로 전도는 어려운 것이 아닙니다.
내가 하려니까 어렵습니다. 내가 주체가 되어 전도하려니까 어렵습니다.
내가 방법을 생각하고, 내가 요령을 생각하고, 내가 전도할 사람을 선택하고, 내가 전도할 기회를 선택하고, 내가, 내가, 하려니까 온갖 생각이 다 들고, 주저되고 어렵고 복잡합니다.

그러나 전도는 하나님(성령님)이 하십니다. 우리는 단지 전하는 자, 증거하는 자, 심부름꾼입니다.

4. 전도는 우리가 하는 것이 아니라, 하나님이 하십니다.
우리가 간절한 마음을 먹고 기도하면, 전도는 하나님이 하십니다.
우리의 마음가짐과 기도가 전도의 관건입니다.

우리가, "인생은 하나님을 만나야 한다"는 확신을 가지고, "하나님 외에는 인생의 답이 없다", "모든 인생에는 하나님이 필요하다"는 마음과 눈으로 다른 믿지 않는 자를 바라 볼 때 전도는 이미 시작

됩니다.

그리고 무엇보다도 먼저 죽어 가고 있는 영혼을 사랑하는 마음으로 간절히 기도하며 그것을 전하려는 열망, 그 기쁜 소식을 전하려는 열정을 가질 때 그때는 하나님이 직접 움직이십니다.

독일의 유명한 국제기드온협회 회원인 "월터 이젠링"은 다음과 같이 말했습니다. (2016년 제117차 국제기드온협회 국제대회 중)

나는 매일 기도합니다.
"주님. 저에게 주님과 같은 마음을 주시고, 주님이 보시는 것과 같이 볼 수 있는 눈을 주시고, 주님이 들으시는 것과 같은 것을 듣는 귀를 주시고, 주님처럼 저도 잃어버린 자를 보는 눈을 열어 주시옵소서. 그리고, 오! 주님, 성령님이 역사하사, 그들이 구원받을 수 있도록 간절히 소원하는 마음을 저에게 허락하여 주시옵소서"

우리가 간절한 마음으로 기도하며 나아갈 때, 하나님이 때도 준비해 주십니다. 환경도 준비해 주십니다. 대상자도 만나게 해 주십니다. 마음에 담대함-확신-도 주십니다. 성경 말씀도 생각나게 하십니다. 입에 말도 준비해 주십니다.

출4:12 이제 가라 내가 네 입과 함께 있어서 할 말을 가르치리라

렘1:9 여호와께서 그의 손을 내밀어 내 입에 대시며 여호와께서 내게 이르시되 보라 내가 내 말을 네 입에 두었노라

 사례

1. 진단서 여 환자 :

40대 후반 여자 환자가 왔습니다. 지난번에 내분비 진단서를 발부받기 위해서 왔고, 이번에는 관절염 진단서를 발부받기 위해서 왔는데 많이 고단해 보였습니다.

그 순간, 그 환자의 인생이 파노라마처럼 떠올랐습니다. 하나님을 떠난 인생의 실상!! 안타까웠습니다. 답은 오직 하나님 밖에 없다!
그래서 하나님에 대해서 이야기했습니다. 그리고 하나님 만나는 길, 예수님, 복음을 증거 했습니다. 그리고 결신했습니다.

♥ 이 모든 것은 하나님이 하신 것입니다. 하나님은 때가 되매, 그 환자를 보내 주시고, 어두운 제 눈을 밝히사, 인생의 비참을 보게 하시고, 전하려는 열망을 주시고, 입을 여는 담대함을 주시고, 입술에 말씀을 주셔서, 복음을 전하게 하신 것입니다.

2. 두만강 푸른 물 :

택시를 탔는데, 마침 오디오에서 "두만강 푸른 물…"이 흘러 나오고 있었습니다. "기사님 두만강에 가 본 적 없지만, 이 노래 듣고 있으면, 고향이 생각나죠?" "예" " '사람들은 나의 살던 고향은 꽃

피는 산골'을 부르면서, 자기 고향은 꽃피는 산골이 아닌데도 모두, 고향을 그리워 합니다. 왜 그럴까요?" "잘 모르겠는데요"

"기사님 모든 노래의 주제 중에 가장 많은 것은 무엇일 것 같아요?" 웃으시면서, "그것도 잘 모르겠네요" 내가 "가장 많은 주제는 고향과 사랑이라고 저는 생각해요" "?"

"왜냐 하면, 우리들은 모두 고향과 사랑을 잃어 버리고 실낙원했기 때문이예요. 그래서 우리들의 무의식 중에는 늘 그것들을 그리워하죠"

그로부터 고향과 사랑을 찾는 이유를 말하면서, 복음으로 인도하고, 복음 증거, 결신했습니다. 그 후 가족 모두 교회에 출석했습니다.

♥ 택시, 음악, 고향, 실락원, 그에 맞춘 제 이야기. 대화를 이끌어 갈 수 있도록 기사님의 마음을 여신 것. 복음증거. 모두 하나님이 예비하시고, 인도하신 결과입니다. 저는 그것을 전한 심부름꾼이었습니다.

5. 그래서 전도는 쉽습니다.

우리는 심부름꾼입니다. 복음을 전하는 전달자입니다. "하나님 만나는 길"(복음)을 알려 드리면 됩니다. 실패해도 좋습니다. 통계에 의하면, 한사람이 복음을 받아들이는데, 평균 7번 정도 하나님이나 예수님이나, 신앙에 관한 말씀을 접한다고 합니다.

그래서 이번에 내가 전해서 결신하지 못해도, 언젠가는 누군가에 의해 그 사람이 복음을 받아들일 수 있고, 그것은 전적으로 하나님께 달렸습니다. 마친가지로, 우리가 전해서 결신한 사람도, 그 전에 이미 여러 차례 복음에 관한 이야기들을 접했다가, 우리 차례에 와서 결신한 것이라고도 볼 수 있습니다.

그렇기 때문에, 결신했다고 자랑할 것도 없고, 결신 못했다고 실망할 것도 없고, 때를 얻든지 못 얻든지, 결과에 관계없이, 무조건 전하고 보는 것입니다. 하나님은 그런 우리를 아름답다고 하셨습니다!

롬 10:15 보내심을 받지 아니하였으면 어찌 전파하리요 기록된 바 아름 답도다 좋은 소식을 전하는 자들의 발이여 함과 같으니라

딤후4:2 너는 말씀을 전파하라 때를 얻든지 못 얻든지 항상 힘쓰라...

사례

부산기독교 장로회 삼일절 예배 때, 공동회장으로서 특별기도 하고 나와서 택시를 탔는데 기사님이 "손님 아주 기쁘신 일이 있는 모양이네요?" 이때까지는 제가 택시기사님께 말을 먼저 걸었는데, 오늘은 기사님이 먼저 이야기하셔서 그 이유가 궁금해 졌다.

"예 그래요. 그런데 어째서 제가 기쁜 줄 알았나요?" "택시 타면서 노래를 부르는 손님은 드문데, 손님은 타시면서 노래를 조그맣게 불러서요"

"예. 제가 오늘 제가 믿는 하나님이 보우하사, 삼일절이 있게 하시고, 그래서 우리가 독립도 하게 되어 너무 기뻐서, "내 영혼에 햇빛 비치어.." 하고 찬송을 불렀어요. 기사님은 혹시 신앙 가진 것 있으세요?" "아니요. 그런데 사돈집이 교회 나가요"

그 때부터 자연스럽게 가정이야기가 나오면서, 의사 딸, 변호사 딸, 병원근무 아들 이야기에 꽃을 피우다가, 자연스럽게 내 신분도 밝혔더니 기사 분이 "아, 그러세요? 제 집도 대연동 원장님 병원 위쪽 동네에 사는데, 언제 한 번 병원에 가지요. 국가 검진도 할 겸"

그래서 제가 "예 언제든지 오시고요. 가능하면 예수님도 믿으세요. 예수님 믿으면 너무 좋습니다. 제가 도와 드릴께요" 기사님은 "잘 알겠습니다. 감사합니다. 언제 한 번 가지요" 그리고 집 앞에서 내렸다.

♥ 자연스럽게 주시는 기회, 때를 놓치지 않고 입을 열었습니다. 자연스럽게 이어지는 대화, 예수님 소개, 복음증거는 할 수 없었지만 예수님 자랑은 했습니다. 언젠가는 그분이 누구를 통해 예수님 믿을 수도 있겠죠! 그래서, 우리는 때를 얻든지 못 얻든지, 결과에 관계없이, 담대히 입을 벌려, 예수님 자랑, 복음증거 하는 것입니다.

그 쉬운 전도 방법 중의 하나가 "생활 전도" 입니다.

이제 복음을 증거하는 전도의 한 방법으로서, 생활 가운데서 그 정황에 따라서 쉽게 전도할 수 있는 "생활 전도"에 대해서 말씀 드리겠습니다.

생활 전도

1. 생활 전도 : 생활현장에서 하나님을 만난다.

"생활 전도"의 핵심 되는 전제는 "모든 사람은 하나님을 꼭 만나야 한다"는 것입니다.

왜냐 하면, 인생의 모든 문제들은, 아담과 하와의 범죄로 인하여 인간과 하나님과의 교통이 끊어진 결과로 생긴 것이므로 하나님을 만나야만 해결될 수 있고 그 답을 얻을 수 있기 때문입니다.

그 하나님을 만나게 하려면 우선 그 필요성을 일깨워 줘야 하는데, 그 필요성은 하나님과의 관계가 끊어진 채로 힘들게 살아가는 인간의 "생활 현장"에서 가장 잘 드러납니다.

그래서 "생활 전도"는 이 하나님의 필요성이 현실적으로 가장 잘 나타나는 "생활 현장"에서 하나님을 만나게 합니다.

그리고, "생활 전도"는 대상자가 자신의 현실생활에서 필요에 의해 하나님을 만나게 함으로써 다른 전도 방법과는 달리 아주 쉽고, 피부에 와 닿는 실제적인 전도 방법입니다.

사례

00교회에 기드온 순방예배 가려고 택시를 탔는데, 기사님이 "멀리 있는 교회에 나가시네요"라고 했습니다. 그래서 내가 교회이야기가 나와 너무 반가워서, "기사님도 교회 다니세요?" "아니요. 저는 안 다니지만, 집에 자식들은 다 다녀요." "자녀가 몇 분이세요?" "둘인데 둘 다 다닙니다"

"와! 기사님 아주 잘 됐습니다. 교회 나가서 하나님, 예수님 믿으면 너무 좋습니다. 자녀들도 다 나가시니까 이제 교회 가세요" "안 그래도 딸과 손녀가 늘 교회 가자고 해요" "보세요. 그런 따님과 손녀가 있는 것이 얼마나 복된 것인지 이제 교회 가세요."

그러니까 갑자기 기사님이 자기 아픈 이야기를 꺼 내신다.(아! 하나님) 수년 전에 쓸개 물 내려가는 관이 막혀 00병원에 가서 시술해서 관을 늘렸는데 또 재발하여 다시 시술한 후에, 그때 담석증도 있어서 담낭 제거 수술도 했다고 한다.

그 뒤 지난 4월에는 담당 교수님이 오전에 혈액검사를 하더니만, 담도가 또 좁아졌다고, 전공의도 없는데, 교수님이 오후에 바로 직접 시술을 해 주셔서 잘 나았다고 한다.

(아! 하나님!) "기사님, 진짜로 복 많이 받으셨네요" 그렇게 말하면서, 내가 구자영내과 원장이라고 내 소개를 했다. 그리고, "내가 의사로서 봐도 제 때에 의사 잘 만나서 후유증 없이 몇 번이나 어려운 시술을 잘 했습니다"

그리고는 내 말이 "기사님 그렇게 하나님이 자녀도 잘 키우게 하시고 건강의 복도 주셨는데 이제 오늘 이 자리에서 바로 하나님 만나고 믿죠" "하나님 만나는 것은 아주 쉽습니다. 한 가지만 해결하면. 한번 들어 보시겠습니까?" "예"(아! 하나님!)

　뒤이어 복음증거, 결신, 영접기도(운전하시면서!) "이제 기사님은 누구 자녀?" "하나님 자녀" "이 세상 떠나시면 어디 가신다?" "천국" 이야기를 다 마치고 나니, 차는 정확하게 OO교회 앞에 도착하였다!

♥ 평범한 생활 이야기로 시작했다가, 복음을 증거하고 결신 하였습니다. 그러나 실제로는 따님과 손녀의 간절한 기도를 하나님이 들으시고 때가 되매, 필요한 환경을 만들어 주시고 저를 사용하여 복음 전하게 하시고 기사님의 마음을 움직여 주셔서 또 한 사람의 귀한 자녀를 얻으신 것입니다. 모두 하나님이 하셨습니다! 저는 그저 심부름꾼, 순종하여 입을 벌려 전했을 따름입니다.

2. 생활 전도의 과정과 특징

"생활 전도"의 과정을 좀 더 구체적으로 보면,

우선 "생활 현장"에서 그들의 일반생활 이야기를 하면서,
대화중에 "하나님 만나야 할 필요성"과 그 하나님을 소개하고,
복음을 들을 수 있도록 인도하여, (복음에로의 초대)
복음증거를 하고, 결신을 하는 것입니다.

즉 다른 전도법과는 좀 달리, "생활 전도"는 먼저, 우리들이 살아가는 생활 현장에서, 그들의 일상생활을 이야기하다가, "하나님의 필요성"을 부각시키며, 자연스럽게 "하나님 소개"로 이어지고, 그 하나님을 만나는 "복음 증거"로 이어지는 것입니다.

따라서 처음에는, 하나님이 생활문제, 인생문제를 해결하는데 필요한, "꿈의 주인" "블루오션의 주인" "영원한 내 편" "인생의 주인" "인생의 답" 등으로 소개되고, 이어서 그 하나님을 만나야 한다는 것으로 이야기가 전개되어 복음증거로 진행되는 것입니다.

이러한 접근 방법은, 듣는 사람 자신들의 실제적인 생활문제들과 연결되어 이야기가 진행되기 때문에 자연스럽습니다. 그래서 큰 거부감 없이 하나님을 만나는 문제를 생각하게 함으로써, 복음 증거로 부드럽게 넘어 갈 수 있는 장점이 있습니다.

또한, "생활 전도"는 실제 생활 이야기로 자연스럽게 진행이 되니까, 이야기 도중 언제든지 그만 둘 수 있어서, 전도에 대한 부담감이 대상자나, 전도자 모두에게 훨씬 적습니다.

그리고, 복음증거 까지 못할 경우에는, 대상자에게 전도에 관한 소책자나, 혹은 개인전도용 성경(예를 들면 기드온 제작 성경)을 전해 드림으로써, 이후에도 전도에 관한 이야기를 자연스럽게 이어 갈 수도 있습니다.

실제로 제가 지난 수십 년간 전도해 온 가운데서, 이 "생활 전도"의 방법이 매우 효과적으로 생각되었습니다. 그래서 저는 지난 7-8년간 이 방법으로 접근하여 많은 사람들을 전도하였고, 지금도 계속하고 있습니다.(전도 사례 참조)

3. 생활 전도의 무대 : "생활 현장"

"생활 전도"의 무대가 되는 "생활 현장"은 하나님을 떠난 사람들이 그들의 인생을 살아가는 "삶의 파노라마"의 현장입니다.

거기에는 그들의 꿈이 있고, 소망이 있고, 기쁨이 있고, 슬픔이 있고, 두려움이 있고, 불안이 있고, 염려, 걱정, 고통이 함께 하며, 실망, 낙담, 후회가 엄습하는 곳입니다.

그 생활에서 공통되는 것은, 우리 모두 하나님을 떠난 인생들이기 때문에, 물고기가 물에서 떠나면 위기가 찾아오듯이, 누구에게나 인생살이의 구비 구비마다, 위기가 찾아오고, 변화가 초래되며, 결단의 시간들이 찾아온다는 것입니다.

젊은이들에게는, 그들대로의 꿈과 소원을 이루기 위한 어려움과, 또한 미래에 대한 불안과 걱정이 있습니다. 그들은 그들의 꿈과 현실 사이에서 고민하기도 하며, 인생에 회의를 느끼기도 하며, 인생의 좌표를 정하는데 방황하기도 합니다.

중장년에게는 인생을 살면서, 여러 면에서 위기와 문제와 변화가 찾아 옵니다. 직업문제, 자녀문제, 대인 관계, 건강문제 등 어쩌면, 가장 많은 문제들이 일어나는 시기가 이 때입니다. 그래서, 인생을 다시 생각하며, 살아온 날들을 되돌아보기도 하며, 수많은 고뇌의 날들을 보낼 수도 있고, 뜻하지 않는 질병의 문제로 고통하는 시기도 있으며, 생활의 절박함에 찌들리며, 쫓기는 시간이기도 합니다.

　그렇게 정신없이 중장년을 지나 온 노년에게는 늙고 쇠약해져 가는 육신의 문제가 성큼 다가오며, 살아 온 나날들에 대한 후회와 미련이 커지기도 하며, 자녀들과 사회 환경에 대한 스트레스도 높아지는 시기이기도 합니다. 그래서 그들은 죽음을 실제적으로 생각하기 시작하지만, 해결책을 찾지 못하고 방황하는 때도 많습니다.

　이렇게, 인생의 구비 구비마다 그들의 문제점들은 다 다를 수 있고, 그에 따라 그들의 고민도 다 다를 수 있습니다.

　그 모든 것들이 나타나고 어우러지고 물결쳐 나가는 곳이 그들의 생활 현장이며 "삶의 정황"(Sitz Im Leben)입니다. 그런 그들 모두의 공통점은, 그들에게 "하나님이 꼭 필요하다"는 사실입니다.

　그래서, 그러한 그 생활 현장에서, 그들에게 인생의 변화가 찾아 올 때 거기에 맞추어서, 그들과 대화하며, 공감하며, 같이 웃고 같이 울며, 하나님을 만나게 해서, "인생의 답"을 소개해 드리고, "영원한 내편"을 만들어 드리고, "하나님 아버지"와 "인생의 주인"을 만나게 해 드리는 것이 "생활 전도"입니다.

이러한 "생활 전도"가 이루어지는 현장은 너무도 많습니다.

거리, 광장, 시장, 백화점, 편의점, 마트, 택시, 기차, 비행기, 여객선, 여행지, 출장지, 거래처, 모두 생활 현장에 속합니다. 은행, 관공서, 병원, 학교, 캠퍼스, 교도소, 경찰서, 야구장, 극장, 회사, 아파트, 이웃, 모두 뺄 수 없는 우리의 생활 현장입니다.

거기에서 "하나님을 꼭 만나야 하는 사람"을 발견하여, 그들의 인생문제에 대해서 접근하고, 대화하며, 복음을 전하는 것입니다. 때로는 계속 관계를 가지며, 시간을 들여 복음을 전하기도 합니다.

결신하던 안하던 복음을 이야기하고, 예수님 증거하고, 하나님 만나는 길을 알려 드리는 것입니다. 중도에 중단되어도 좋습니다. 운만 떼도 좋습니다. 담대히 입을 여시기만 하면 됩니다. 그래서 어디서든 전도는 가능합니다.

생활 현장 사례

1. 공원에서 – "릴로이 켄네디"의 간증
30세의 젊은 나이임에도 불구하고 사업실패, 이혼 등 많은 인생의 실패 때문에 자살할 목적으로 공원에서 집으로 가던 한 청년에게, 기드온 회원이 성경책을 전하였습니다. 그러나, 그 청년은 그 성경책이 필요 없다고 뿌리쳤고 그 과정에서 그만 기드온회원이 손에 한가득 들고 있던 성경책이 땅에 떨어져 흩어졌습니다.

깜짝 놀란 그 청년은, 땅에 떨어진 성경책들을 줍다가, 그 가운데 한 권의 펼쳐진 성경 책을 읽고, 예수님을 영접했습니다.

그 후 그 청년 – 릴로이 켄너디는 국제기드온협회 회원이 되어, 많은 사람들에게 예수 그리스도를 전하였습니다. 한 권의 작은 기드온이 제작한 성경책의 말씀이, 한 청년의 인생을 바꾸어, 영원한 새 생명을 가지고 주님을 섬기며 살아가게 한 것입니다.

그는 2016년 국제기드온협회 제117차 국제대회에서 이렇게 말했습니다.

"여러분의 릴로이 켄너디는 길가 모퉁이에 있습니다. 대학 캠퍼스에도 있습니다. 광장이나 공공장소에서 피난처를 구하며 기다리고 있습니다. 그들에게 하나님의 말씀을 전하십시오."
(릴로이 켄너디, 2016년 국제기드온협회 제117차 국제대회)

♥ 국제기드온협회 회원-릴로이 켄너디-의 간증입니다. 그의 간증처럼 하나님을 만나야 할 사람들은 거리 모퉁이에 있습니다. 공원에도 있습니다. 대학캠퍼스에도 있습니다. 많은 공공장소

에도 있습니다. 이 모두 그들의 생활이 펼쳐지는 "생활 현장"입니다.

2. 바닷가에서 – 저의 간증

저희 부부가 얼마 전 식사 후에 바닷가에서 산책을 하다가 길가에서 나물과 채소를 팔고 계시는 한 할머니를 만났습니다. 그때 아내가 쑥 나물이 탐스러워서 그것을 사려고 하니, 그 할머니가 그것은 양도 얼마 안 되니 그저 가져가라고 하셨습니다.

그 순간 그 할머니의 마음이 참 고마워서 제가 받지 않으시려는 할머니에게 돈을 드리면서 "할머니 감사합니다. 할머니, 하나님, 예수님 믿으시고 복 받으세요. 하나님 믿으시면 너무 좋습니다"

그런데, 그 할머니가 갑자기 자기 집 이야기를 꺼내십니다. 본래 자기 집은 잘 살고, 배도 몇 척이나 되었는데 남편 사업이 잘못되어 생활이 어려워졌다고 하시면서, 자녀도 아들, 딸이 모두 12명이나 된다고 하셨습니다.

그 때 제가 불쑥, "그 열 두명 자녀 중에 혹시 예수님 믿고 교회 나가는 자녀는 없으세요?" "막내아들이 나가지" (아! 하나님!) "할머니 잘 되었네요. 막내 아들따라 교회 가시고, 예수님 믿으세요"

다른 손님이 오셔서, "나중에 제가 다시 올께요" 인사하고 왔습니다. 하나님이 그 할머니를 다시 만나게 해 주실런지는 저도 알 수 없습니다.

그러나 분명한 것은, 하나님이 이 모든 것을 예비해 두셔서, 저로 하여금 하나님과 예수님을 말씀드리게 했다는 사실입니다.

♥ 마음에 감동이 되어 입을 열고 싶을 때가 있습니다. 그 때가 하나님이 예비하신 때입니다. 주저하지 마시고, 담대히 입을 여십시오. 우리는 모르지만, 하나님은 이미 다 알고 준비해 두시고 계십니다. 여러분이 마음만 먹고, 깨어 있으면, 하나님은 다 준비해 주시고, 할 말도 생각나게 하시고, 전하게 하십니다. 결과야 어떻든 좋습니다! 입을 여십시오!

3. 병원에서 - 저의 간증

20대 환자. 2주간 속 쓰리고, 신물이 올라와서 내원. 그런데 이름이 우리병원 간호사님 남편 하고 닮아서 호기심(?)이 났다. (하나님 인도하심의 시작!) 아픈 데를 더 자세히 묻고, 진찰 후에, 일단 약물치료 해 보고 안 되면 내시경하자 하니까, 자기가 2일 뒤에 귀대해야 하니까 내일 내시경 하면 좋겠다고 했다.

"그러면 군인인가?" "예. 6월 중순에 제대합니다" "그럼 제대 후에 복학하겠네" "아니요 저는 대학 자퇴했습니다" 깜짝 놀라서 "자퇴하고는 무얼 할려 하나?" "무역을 공부하려고 합니다" 그 순

간 이 청년의 꿈이 나의 눈에 선히 들어온다. (아! 하나님)

"자네 이야기를 듣고 있으니 참 좋다. 뜻한 바 있어 남들이 쉽게 결단하기 어려운 결정을 하고, 또 미래의 꿈을 가지고 나아가니 참 좋다. 그런데 그 자네 꿈을 이루려면 한 분의 도움이 꼭 필요하다. 자네처럼 스스로 결단 내리고 꿈을 정한 청년에게는 더욱 필요하다"

눈이 반짝한다. "그분은 바로 하나님이다. 자네가 자네의 꿈을 이루려면 용기도 필요하고, 지혜도 필요하고, 창의성도 필요한데, 그것들의 주인이 바로 하나님이다. 나는 그분을 만나서, 그 모든 것들을 공급받고, 그분의 은혜로 많은 꿈들을 이루어 왔다"

"나는 하나님 만나고 40여년 동안 꿈을 이루어 왔지만, 자네는 지금부터 하나님 만나면 80년간 꿈들을 이룰 수 있다. 얼마나 좋겠나? 군대 말로 우리의 대빵^^을 만나기만 하면." ^^ 웃는다.

"자네 교회 가 본 적 있나?" "아니요" "OOO이도 그 하나님 한번 만나 볼래?" "예" 그러는데 뒤에 환자들이 좀 있어서 내일 하나님 만나기로 하고 내시경 예약하고 갔다.

오늘 오전 다시 내원했다. 내시경 검사 전에 "하나님 만나자" 뒤이어 복음증거. 우리는 죄인, 예수님, 십자가, 대속의 죽음, 믿음, 영접, "믿고 마음에 받아 들이시겠습니까" "예"

영접기도 후에, 기드온 성경책 꺼내 들고 요1:12, 3:16 기도하는 법, 성경 가르쳐 드리고, 내시경 검사 하고 갔다.

♥ 하나님이 인도하시는 대로. 듣는 마음을 가지고, 전하려는 생각만 있으면, 나머지는 하나님이 다 책임지십니다. 입에 말도 주시고, 대화도 자연스럽게 인도하게 해 주십니다. 그리고, 시간이 없으면, 다음 날에도 계속하도록 하십니다!

4. 택시 안에서 – "페르난도 바해나"의 간증

몇 주 전에 나는 퇴근하려고 택시를 타고 가며 운전기사와 이야기를 나누고 있는데, 갑자기 주님께서 기사에게 복음을 전하라고 하셨다. 그런데 그 때 나는 기드온성경을 가지고 있지 않아서 "에이 참. 왜 성경을 안가지고 왔나?" 라고 스스로에게 투덜대면서, 주위를 둘러보다가 차안의 라디오플레이어 밑에 있는 파란색의 작은 책을 발견하였다.

나는 그것이 너무도 기뻐서 그것을 들고 기사에게 "기사님 이 성경책을 읽어 보셨어요?" "아니요 그런데 참 신기한 것이 있어요. 나는 두 세 번이나 차를 빼앗으려는 자들에게 폭행을 당하고 두 번이나 도난을 당하여 찾았지만 그 책은 늘 그 자리에 계속 있었어요"

그 순간 나는, 주님이 이 사람에게 계획을 가지고 있음을 알게 되었고, 그래서 그에게 구원에 대해서 설명하였다. 그리고 뒤 페이지로 그를 인도하여 복음을 증거했고 마침내 그는 예수님을 자신의 구세주로 영접하였다!

하나님께 영광을! 주님은 언제나 우리에게 다른 사람들에게 복음을 증거할 기회를 주신다. 심지어 기드온성경을 가지고 있지 않을지라도.

또 다른 때에, 내가 주유소에서 주유를 하고, 주유를 도와 주었던 여직원에게 계산을 하려는데, 그 때 갑자기 주님이 "그 여직원에게 기드온 성경을 주라"고 하셨다. 그때 나는 몹시 바빴고, 내 뒤에는 많은 차들이 주유를 하려고 기다리고 있었기 때문에 한참 망설였지만, 그 여직원에게 성경을 전해 주었다. 그러자 그 여직원은 눈물을 글썽이면서 "내가 이 성경이 얼마나 필요한지 몰라요. 정말 감사합니다!"

나는 그녀가 불신자인지 혹은 낙담해 있는 기독교인인지는 전혀 아는 바가 없다. 그러나 내가 분명히 아는 것은, 만약 여러분이 주님의 음성에 귀 기울이신다면, 주님은 너무도 놀랍고 큰 일을 여러분을 통해 이루어 주신다는 것이다. 마치 그 여직원에게 생명의 씨앗이 심겨진 것처럼.

그래서 만약 여러분이 오늘 누구에게인가 예수님을 증거할 기회가 생긴다면, 그 귀한 기회를 놓치지 말고 주님의 명령에 순종하시기 바란다.

전도는 여러분의 힘에 달린 것이 아니라, 하나님과 그의 말씀에 달린 것을 굳게 믿으시면서, 담대히 입을 열어 복음을 증거하시기를 간절히 부탁드린다.(페르난도 바해나, 국제기드온협회, 2017년 제118차 국제대회)

💙 하나님은 하나님의 계획에 우리를 쓰십니다. 우리가 준비만 되어 있으면, 전도는 하나님이 하십니다.

4. 생활 전도의 실제
1) 먼저, 그들의 일반 생활에 대해서 이야기합니다.
"생활 전도"는 그 말이 뜻하는 바대로, 우선 그들을 만나서, 그들의 생활이야기를 나누는 것으로부터 시작합니다.

그 이야기 가운데서 나타나는 그들이 가지고 있는 그들의 꿈, 소망, 두려움, 불안, 염려, 스트레스, 죽음 등을 잘 이해하고, 그에 맞추어서 이 모든 것들의 근본 문제가 무엇인지 자연스럽게 이야기를 이끌어 가면서, 적절한 시기에 다음 단계인 "하나님을 만날 필요성"과 "하나님 소개"로 연결되어 가는 것입니다.

이 때 중요한 것은 공감하고, 경청하는 것입니다.
이 시기에 아주 중요한 것은 그들의 이야기를 경청하고, 공감하는 것입니다.
"하나님을 떠나서 힘든 인생을 살아가는" 그들의 마음을 생각하고, 그들의 문제들에 공감하면서, 그들의 이야기를 우리의 마음을 다해 경청하는 것입니다. 그냥 객관적으로 듣는 것이 아니라 우리의 마음을 쏟아 부어 듣는 것입니다.

롬12:15 즐거워하는 자들과 함께 즐거워하고 우는 자들과 함께 울라

사례

비가 와서 조금 한산한 오전 진료가 거의 끝나갈 무렵, 2개월전에 배가 아파서 장염으로 오셨던 60대 환자분이 다시 오셨다. 약 먹을 때는 좋았는데, 약 끊고 최근 한 달 반 정도부터 간헐적으로 계속 아파서 지난번 남았던 약 먹고 좋아져서 다시 오셨다. 3월말 외국여행도 계획되어 있어서, 미리 낫게 하려고 오셨단다.

내가 물었다. "요 근래 신경쓰는 일이나 충격 받은 일은 없었나요?" "외손자가 학교 안 갈려고 해서, 그 외손자 학교 보내려고 애를 많이 썼어요. 그래도 지금은 학교 잘 다녀서 문제가 안 되요" "요 사이 피곤해요?" "네" "배 아픈 것 말고 다른 증세는 없어요?" "배에 가스가 많이 차고 소화가 안되요" "잠은 잘 자나요?" "아뇨. 늘 좀 불안하고, 걱정이 많고, 잠도 안와요. 그리고 조금만 아파도 큰 병인가 걱정되요"

다시 물었다. "옛날에 큰 충격 받은 것은 혹시 없어요?" "10년 전에 가족이 암으로 돌아가셔서 그때 충격 받았어요. 아마 그때부터 제

가 건강에 많이 신경 쓰게 됐나 봐요"

그 순간 (아! 하나님! 그렇군요! 그의 생이 파노라마처럼 펼쳐진다. 하나님이 필요하다!!!)

내 입에서 말이 나왔다. "000님 증세는 약으로 낫는 걸 보면, 큰 병은 아닐 거예요. 자꾸 재발되어서 문제지만" "네. 그래요. 그래서 이번에도 여행가기 전에 좀 낫게 할려고 약 지으러 왔어요"

내가 말했다. "000님 한 번 들어 보세요. 우리 몸은 흙집이고, 이 중심에 마음이 있어서 이 마음이 편해야 병도 낫고, 증세도 좋아집니다. 그래서 제가 증세는 일시적으로 고쳐 드리지만 마음의 문제는 꼭 다른 한 분이 필요합니다."

"혹시 000님 교회 다니세요?" "예. 옛날에 다닌 적이 있어요." (아! 하나님!) "그럼 하나님을 아버지라 부를 수 있으세요?" "아뇨" (아! 하나님!)

"000님 마음의 문제를 근본적으로 고치려면 하나님을 만나서 마음의 여러 문제들을 해결해야 하는데 우리는 직접 하나님을 만날 수 없습니다." "예" "왜냐하면 우리는 모두 죄인이기 때문에 죄 없으신 하나님을 직접 만날 수 없습니다. 그래서 예수님이 필요한 것입니다."

"그 이야기를 한 번 들어 보실래요?" "예"
복음 증거, 예수님 영접, 영접기도, 기드온 성경 드리고, 요1:12, 3:16, 6:47 말씀으로 구원 확인. "이제 OOO님은 하나님 자녀, 천국갈 수 있습니까?" "예"

- 💙 그 환자의 이야기를 경청하며 그 두려움과 걱정과 아픔에 공감하다가 복음 증거로 나가게 되었습니다. 우리들이 그들의 이야기에 공감하고 아파하는 만큼, 하나님은 우리를 쓰십니다.

2) "하나님" 소개 및 복음에로의 초대

그들의 생활 이야기를 경청하고 있으면, 위의 (사례) 처럼, 그들에게 하나님을 만나게 해야 하겠다는 간절한 마음이 생길 때가 있습니다. 혹은 자연스럽게 하나님의 이야기가 나올 때도 있습니다. 때로는 그런 마음이나 기회가 오지 않더라도 하나님 이야기를 할 수도 있습니다.

그때 우리의 입을 열어 "하나님의 필요성"을 이야기하면서, "당신은 하나님이 필요합니다" "꿈의 주인을 만나야 한다" "영원한 내 편을 만든다면 얼마나 좋을까" "인생의 운전대를 맡길 분을 만나야 한다" 등, 여러 모양으로 하나님을 소개해 드립니다.

뒤이어 자연스럽게 "우리 인생의 진짜 주인을 만나 보자" 혹은 "하나님을 한 번 만나 보시겠습니까?" 등으로 복음증거로 인도합니다.(복음에의 초대)

실제로, 이 부분이 "생활 전도"가 가지는 큰 장점입니다. 저의 지난 날의 경험을 봐도 하나님이 없다고 생각하시는 분들이 적지 않아서 복음증거가 어려울 때도 많았습니다.

그러나 "생활 전도"에서는 생활에 대한 이야기를 하다가, 자연스럽게 하나님의 필요성이 이야기되어 지고 듣는 분이 수긍하면 어려움 없이 하나님을 만나는 순서로 이어 지게 됩니다. 그래서, 복음증거가 잘 진행되는 수가 많습니다. 제가 전도한 사례에서도 그런 예들을 많이 볼 수 있었습니다.

그리고 이 때, 아주 중요한 것이 우리들의 간증입니다.

우리들의 간증은 "우리가 받은 하나님의 사랑과 은혜에 대한 우리들 자신의 이야기" 입니다. 우리가 하나님의 자녀가 되기 전과 그 이후의 삶의 변화를 이야기 하면서, 그 모두 하나님의 사랑과 은혜임을 진솔하고도 호소력 있게 전하는 것입니다.
잘 다듬어지고, 진솔한 우리들의 간증은 복음전도에 있어서 없어서는 안 될 중요한 요소입니다.

막연하던 "하나님에 관한 이야기"가 실제 우리들의 인생에서 구체적으로 나타나는 것에 대해서 대부분의 사람들은 큰 관심을 표하며 그로 인해 복음증거의 기회가 쉽게 오기도 합니다.

그래서 간증은 잘 만들고 갈고 닦아서 언제든지 잘 사용할 수 있도록 준비해 두어야 합니다.

그리고, 이때 간단히 "신앙 가진 것 있느냐?" 확인도 합니다.

사례 1

토요일 오전. 조금 바쁜 시간. 3일 전에 설사 때문에 온 OOO. 지난번에 결신. "하나님 아들"이 왔다. 설사가 말끔히 나아서 씩씩하다. 지난번 결과 보고, "누구 아들?" 웃으며 "하나님 아들" 너무도 대견해서 "이제 OO에 가면 가면 교회도 나가고 주위 사람도 교회에 인도하고." 그러고, "영원한 내편 우리 아버지 늘 함께 하시니, 기도하고, 열심히 일하고, 하나님의 기뻐하시는 아들 되세요" "예" 두 손 잡고 간절히 기도하고, 다음 화요일 다시 오기로 하고 갔다.

그런데 그다음 들어온 환자는 지난번 기드온 성경 주었던 OOO. 20대 환자분. 가져간 성경은 아직 읽어도 잘 이해가 되지 않는다고 했다.

오늘은 속쓰림 때문에 건강검진 와서 다 마치고 결과 듣고 약지으러 들어 왔다. 내 말이 "이제 방금 나간 청년은 3일 전에 와서 하나님 만나서 하나님 아들 되고, 병도 좋아져서 갔다. 나이도 동갑. 외국에서 회사의 관리직 하는데 쉽게 하나님 받아들이고 영원한 내 편도 만들고, 아주 확실하다."

"나도 하나님 만나기 전에는 어딘가 불안하고, 허전하고 그랬는데, 만나고 나서는 완전히 바뀌었다. 인생의 패러다임이 바뀐거지. 하나님 믿으니 배짱도 두둑해지고, 믿는 구석이 있으니 걱정도 크게 안되고, 그러고 하는 일들도 모두 하나님의 은혜로 이루어졌다"(내 간증)

"OOO도 힘들 때 많죠? 이제 하나님 만나고, 영원한 내 편 만들어 볼래요?" 큰 주저함 없이 "예"(하나님 감사합니다!)

하나님 만나는 것은 나와 하나님이 서로 아는 것. 그런데 죄의 담. 죄인. 막혀 있다. 그러나, 하나님의 사랑. 그래서 예수님. 복음증거. 쉽게 받는다. 영접기도. 기드온 성경책 내어서 요1:12 하나님 아들. 요3:16 하나님 사랑. 천국. 설명하고 기도 가르쳐 준 뒤에 갔다.

사례 2

오전의 바쁜 진료가 끝나고, 오후 3시. 고등학생. 감기로 왔다. 열이 있어서 검사 결과 유행성 독감은 아니라서, 처방해 주면서 물었다. "OOO이 나중에 대학은 무슨 과 가려 하나?" "예. 저는 야구 선수입니다"

"아! 그러냐. 야구 선수도 좋지. 무얼 하든지 열심히 최선을 다하면 꿈을 이룰 수 있다. 그런데, 훌륭한 야구 선수가 되려면 그저 몸만 단련해서는 안된다." "야구 선수도 공부해야 한다. 다른 훌륭한 선수들이 어떻게 공을 던지는지, 어떤 때에 어떻게 기술을 발휘하는지 잘 보

고 연구해야 된다." 그러니까 OOO이의 눈이 반짝 한다. (아! 하나님)

"그래서 공부도 하고, 연구도 해야 하는데, 거기에는 지혜가 필요하다. 그래서 그 지혜를 주실 수 있는 분을 만나면 너무 좋다. 일반적인 지혜 말고, 확실하게 이룰 수 있는 진짜 지혜를 얻어야 한다. 나는 그분 알고 지금까지 함께 하는데 너무 좋다"

"OOO이도 그분을 한 번 만나 볼래?" "예" (아! 하나님)

"그분은 바로 하나님이시다" "아! 예" "OOO이도 하나님에 대해서 들어 본 적은 있재" "예" "그런데 여기에 문제가 있다. 우리는 모두 죄인이기 때문에 죄 없으신 하나님을 만날 수 없다. 그러나 하나님은 우리를 너무도 사랑하시기 때문에 그것을 해결할 방법을 마련해 두셨다. 그분이 바로 예수님"

연이어 복음증거. "믿으시겠나요?" "예" 영접기도. 기드온 성경 주고 요1:12, 3:16 설명. 구원확인. 하나님 아들. 말씀. 기도 설명. 특별히 "투수이니까 공 던지기 전에 하나님 아버지께 반드시 기도하고 던져라" "예" 그리고, 다시 한번 "세계가 알아주는 투수가 되게 해 달라"고 주님께 간절히 기도했다.

사례 3

늦은 오후 5시. 40대 환자분. 머리가 너무 아파서 왔다. 메스껍기도 하고, 잠도 잘 안오고, 불안하고, 신경과 약도 먹었다. 지치고 피곤한 모습. (오! 하나님!)

요사이 많이 힘들지요. 특히 요즈음 40대가 힘 드는 시절. 가정을 책임져야 하는 가장. 그런데 살기는 점점 더 어려워지고. 그렇다고 그냥 포기할 수도 없고. 불안. 걱정. 내가 주인이 되어 헤쳐 나가자니 너무 힘든다. 문제는 내가 책임져야 한다는 것.

내간증

나도 그런 시절 있었다. 경우는 조금 다르지만 마음은 같았다. 인생에 대한 근본적인 회의, 허무, 힘들었다. 불교도 다녔다. 그때 밖에 없었다. 근본적인 해결은 되지 못했다. 그런데 그것을 해결할 수 있는 길이 있다고 하는 사람(전도사)이 있었다. 내게 성경책을 보여 주었다. 그 안에, "여호와 하나님이 흙으로 사람을 지으시고 생기를 그 코에 불어 넣으시니 생령이 되니라" 그 하나님 인정하고 항복. 그 하나님께 갈 수 있는 길을 보여 달라고 했다. 복음을 들었다. 그리고 나는 하나님께 내 모든 것을 맡겼다. 그러고 나니 너무 편안해지고, 인생의 틀이 바뀌었다. 그 이후의 생활은 저기 성경구절 처럼 "항상 기뻐하라 쉬지 말고 기도하라 범사에 감사하라"의 생활이다. (진료실 한 쪽 벽에 걸려 있는 성경구절 가리킴)

"OOO 님도 맡겨야 한다. 맡기고 나면 평안이 찾아 온다. 그 길을 가 보시겠습니까?" "예" 복음증거. 결신.

3) 그들의 관심사

이러한 그들의 생활 이야기를 듣고 "하나님 소개"를 할때에, 연령에 따라서 거기에 맞게 접근하면 복음 전도가 아주 쉬워지는 경우가 많습니다.

우리가 살아가는 인생길은 그 굽이굽이마다, 연령에 따르는 사람들의 관심사와 문제들이 다 다릅니다.

청소년들의 관심사가 다르고, 중장년의 문제가 다르고, 노년의 생각이 다릅니다.

거기에 따라서 우리들이 그들에게 가지는 접근방식과 대화도 달리하는 것이 생활 맞춤 전도에서 아주 중요합니다.

따라서, 각각의 연령에 따르는 그들의 관심사를 잘 파악하고 활용하여, 복음 증거로 이끄는 것은 성공적인 전도를 위하여 우리가 특히 힘써야 할 부분입니다.

각 연령에 따르는 그들의 관심사를 살펴보면,

1) 젊은이들은

그들 나름대로의 꿈을 가집니다. 앞으로의 미래에 대한 기대와 소망도 있습니다. 그러나 미래의 불확실성에 대한 두려움과 불안도 있습니다. 앞으로의 진로에 대한 고민도 있고 직업문제도 큰 부담이 될 수 있습니다.

그러한 그들에게 "꿈의 주인" "인생의 영원히 흔들리지 아니하는 좌표"를 제공하며, "영원한 내 편"을 소개해 드리고, 그 주인(하나님)을 만나게 해 드리는 것입니다.

사례 1 - 꿈의 주인

오후 4시. 어제 간기능 검사하러 왔던 20대 환자. 결과 보러 다시 왔다. 보험 들려는데, 간의 염증수치 높아서 다시 확인위해 검사한 것. 결과를 보니 염증수치는 괜찮고, 감마지티피만 높다. 지방간? 산화 스트레스? 초음파를 해 보자.

그런데 지금 뭐하노? 어제 이야기 한것처럼 기술직 준비. 무슨? 조경분야. (눈이 반짝! 아! 하나님. 어제는 관심이 없어서, 무심해서, 둔해서 몰랐는데!)

"조경. 4차 산업시대의 직업으로 아주 좋다. 창의성의 문제. 레드오션과 블루오션 알재?" 고개를 끄덕끄덕. "OOO이, 교회 가자." 눈이 동그래진다 "예?" "블루오션의 주인을 만나야 한다."

내가 왜 이렇게 이야기하냐 하면, 지금 젊은 사람들 중에 OOO이처럼 "조경" 목표 분명히 정해 놓고 꿈을 가지고 취업 준비하는 사람 많지 않다. 그런 사람에게는 반드시 꿈을 이루어 줄 주인을 만나야 한다. 그분이 바로 하나님이시기 때문에 꿈을 이루고 목표를 달성하려면, 그 하나님 만나야 한다.

사실 나는 그 하나님 만나서 내 인생 "블루오션" 했다! OOO이도 하나님 만나면, 반드시 그렇게 될 것이다. 하나님 만나 볼래? "예"

복음증거 시작. 영접기도. 이 때 옆에 계시던 어머니도 같이 따라 하신다!! 영접 기도한 내용 확인. 요3:16, 요1:12, 요6:47, 엡2:8.

눈이 더욱 빛난다. 아버지가 둘. 하나님 자녀. 천국 간다. 말씀, 기도, 교회 설명. 그리고, 끝으로 OOO이의 건강과 취업준비 위해 기도하고 마치는데, "아멘" 하고 따라 한다. 할렐루야! "아멘"의 뜻 알려 주고 기도하는 것 다시 확인.

♥ 꿈을 가진 그들은 미래를 생각하며 걱정도 하고, 소망도 하면서, 무언가 확실한 것을 찾으려는 마음도 간절할 때가 많습니다. 그러한 그들에게, "꿈의 주인" "영원한 내 편"은 가뭄에 단비가 됩니다.

사례2 - 영원한 내 편

비오는 토요일, 바쁜 시간 조금 지난 오전 11시. 20대 후반 남자. 설사가 나서 왔다. 약을 먹어도 낫지 않아서 왔단다. 어릴 때부터 우리 병원에 왔다. 갑자기 친근감이 들어서, 요새 뭐하고 있나?(복음증거의 발단, 순종하면 기적이 이루어진다)

"회사 다니고 있습니다." 무슨 회사? 00제작회사. 그래. 회사 다니며 앞으로의 계획이나 목표 등은 어떠냐? 열심히 하려고 노력하고 있습니다.

그렇지 인생에 있어서 중요한 것은 꿈을 가지는 것이고, 그 꿈을 이루기 위해서는 "영원한 내 편"이 있으면 참 좋지. 나는 사실 영원한 내 편을 얻었고 그래서 참 좋고 내 인생도 너무 좋아졌다.

그런데, 이때 "혹시 교회 다니시나요?"라고 묻는다! 할렐루야 (아! 하나님이 보내셨군요!) "그래 맞다. 영원한 내 편은 바로 하나님이시다. 그런데 자네는 어떻게 교회를 아나?" "어릴 때 잠시 교회 간 적이 있어요. 지금은 안 다닙니다" (아! 하나님!) "아 그렇구나!! 나는 젊은 시절 하나님이 영원한 내 편이 되신 후 내 인생 너무 좋아졌다" (내 간증).

자네도 하나님을 영원한 자네 편을 만들면 너무 좋은데, 그러자면 먼저 하나님과 교통해야 한다. 그런데 하나님과 우리는 교통할 수 없다. 왜냐하면 우리가 죄인이기 때문이다. "OOO 스스로 죄인이라고 생각하나?" "예" "맞아요." 우리는 모두 죄인이고 우리 죄 때문에 하나님과 우리와의 교통이 끊어져서 하나님이 내 편이 되지 못하는 것이다.

그런데 하나님은 우리 죄를 속하는 방법을 만들어 두셨다. 예수님. 십자가. 죽음. 대속. 믿음. (복음증거)

이제 내가 이야기한 모든 것을 믿나? "예" (고개 끄덕 끄덕) (하나님 감사합니다!) "그럼 그 마음에 믿은 것 그대로 하나님께 이야기 드리면 하나님은 영원한 OOO이의 편이 되고 OOO이는 하나님의 자녀가 된다. 그렇게 하겠나?" "지금 이 자리에서요?" "그렇지 어려운 것 없다. OOO이 믿은 것 그대로 하나님께 이야기 드리면 된다" "예" (영접기도)

그 후 구원의 확인 요1:12, 3:16, 6:47, 이제 OOO이는 하나님의? "자녀" 죽으면 천국간다. 아버지가 두분.
그리고, 기도. **"영원한 내 편이신 하나님께 오늘부터 모든 필요한 것 바로 이야기 드리는 것이 기도다!** 교회. 믿는 자녀들이 모이는 곳. 설사약 처방하며, 다음 주 토요일 날 오기로 약속하고 갔다.

💙 "생활 전도"는 다른 말로 하면, "영원한 내 편", 어떤 형편에서도 나를 버리시지 않고, 나를 실망시키지 않으시며, 영원히

나와 함께 하시는 하나님을 생활 현장에서 다시 찾아 드리는 것입니다. 그래서, "생활 전도"에서는 당장 생활 현장에서 하나님과 바로 교통할 수 있는 기도를 특히 강조합니다.

사례3 - 하나님 믿고 싶어요

좀 바쁜 오전 12시. 일전에 간기능검사 이상 때문에 입사하는데 문제가 생겨 찾아 왔던 청년. 이번에는 회사에서 간기능검사 이상이 심각하지 않고, 잘 나을 수 있다는 의사의 소견서를 받아오면 된다고 해서 부랴부랴 달려 왔다.

그리고는 내게 그 내용까지 스마트폰 저장된 것을 자세히 보여 주면서 정성으로 간절하게 이야기한다.

그런데, 그 모습과 행동이 대견하고 마음에 들어서, (내 마음이 반짝! 하나님이 주시는 감동!) 내가 "OOO, 자네는 내가 보기에 참 좋은 청년인데, 꼭 필요한 것 한 가지만 더하면 너무 좋겠는데…" 엄지를 세워 들면서 말했다.

"그게 뭔데요" "하나님 믿는 것" "예. 하나님 믿고 싶어요" (할렐루야!!!)

"그래 좋다. 자네가 다니는 회사가 어디고?" "OO 엔지니어링" 건설 회사 다니다가 그만두고, 이번에 새로 입사 시험 쳐서 합격하고 간기능검사 이상 때문에 문제가 된 것이다.

"그렇구나. OOO회장이 세운 OO건설. 자네가 이 회사로 옮긴 것도 이유가 있겠다. 하나님을 만나고 믿으면, 자네도, 꿈을 세우고 그 꿈을 이루었던 OOO회장처럼 될 수 있다!" (눈이 동그래진다)

내가 "왜냐하면 하나님은 하나님을 믿고 찾는 사람에게는 그가 원하는 일들을 모두 들어 주시는 분이기 때문이다. 자네가 하나님 믿고 그 회사에서 꿈을 가지고 일하면 하나님이 지혜도 주시고, 창의성도 주고, 능력도 주시고, 자네 꿈을 이루어 주신다. 하나님 믿기만 하면. 자네도 더 나은 꿈을 위해 다니던 건설회사에서 OO으로 옮기지 않았나?" "예"

"그런데 문제는 하나님과 내가 떨어져 있어서 하나님이 주시는 많은 것들을 받을 수 없다는 것." 그 이유가 바로 내가 죄인이기 때문. 사실 물고기는 물에서 살아야 하듯, 사람은 하나님과 교통하며 살아야 하는데, 우리가 죄인이므로 죄가 없으신 하나님과는 도저히 같이 교통할 수 없다.

그래서, 하나님은 우리를 위해 하나님과 교통할 수 있는 길을 만드셨다. 곧 이어 복음 증거. 죄인. 예수님. 믿음. 하나님의 아들. 결신기도. 기드온 성경 드리며 요3:16, 1:12, 6:47 확인. "이제 OOO은 누구 자녀?" "하나님 자녀" "이 땅 떠나면 천국갈 수 있다?" "예" 하나님 아버지에게 이야기 드리는 것이 바로 기도. 교회는 믿는 사람들이 모이는 곳.

그런데 이때, OOO이 "사실 얼마 전에도 제가 교회 이야기 들은 적 있어요" "어떻게?" "제 친구가 저더러 신앙가진 것 있냐고 해서, 없다고 했어요. 그래서 그 친구에게 물으니 자기는 교회에 다닌대요. 가자는 말은 않던데. 이제 만나면 한 번 같이 교회 가 봐야 겠네요" (할렐루야! 아! 하나님! 하나님의 예비하심!)

♥ 열심히 노력하는 청년. 하나님 만나서 자녀가 되는 특권을 누리는 은혜를 전했습니다. 그런데 이 모두 하나님의 계획이었습니다. 친구를 통하고, 저를 통해서, 택하신 아들을 부르신 것입니다. 저는 심부름했습니다!

사례4 - "블루오션"의 주인

아침 진료를 시작한지 얼마 되지 않는데, OOO이 일주일간의 설사 때문에 왔다. 지난 번에도 설사로 온 적이 있어서, 웃으면서, "일주일 동안이나 치료 안하고 그냥 뒀냐? 미련하게" 씨익 웃으면서, "자연 치유 기대해서요" 그래서 나도 웃으면서 "자연 치유도 안 되면 약의 도움도 받아야 한다"

그러는 중에 갑자기 OOO이 뭐 하는가 궁금해졌다 (빤짝! 하나님!) "자네 대학생이가?" "아니요. 재수해요" "무슨 과 하려는데?" "공대요" "공과 중 어느 분야 생각하나?" "반도체요"

"반도체 좋지. 그런데 그 반도체 하려는 애들도 아주 많을거라. 피나는 경쟁 사회다. 바로 레드오션이다. 그런데 그 반대로 아무런 경쟁 없이 자기가 원하는 것을 열심히 할 수 있는 블루오션이 있다."

"그 레드오션과 블루오션에는 각각 주인이 있다. 레드오션 주인은 이 세상이고, 거기는 오십보 백보. 도토리 키 재는 피나는 경쟁. 블루오션에도 주인이 있는데, 그 주인은 바로 하나님. 너무 좋은 분. 하나님을 만나면 바로 블루오션의 세계가 열린다"

"OOO, 한 번 하나님 만나 볼래?" "예" (아! 하나님 감사합니다)
뒤이어 복음증거 시작. 우리는 죄인. 막힌 담. 죽음. 예수. 죄사함. 길이 열림. 믿음 "믿고 마음에 받아들이기만 하면" "그렇게 할래?" "예"

영접기도. 구원확인 요1:12 하나님의 자녀. "이제 OOO이는 하나님의 자녀 맞나?" 또렷이 "예" (할렐루야! 하나님 감사합니다). 이제 아버지가 두 분. 나를 낳아 주신 부모님과 또 "영원한 내편" 이신 하나님 아버지. 블루오션의 주인, 하나님 아버지.

이제 필요하면 언제든지 하나님 아버지께 아뢴다 그것이 기도. 함께

손잡고 간절히 기도하고 갔다.

"하나님 아버지 감사합니다. 참 귀하게 보내 주신 아들, 이제 주님의 자녀가 되었사오니, 그 꿈을 이루어 주시고, 영원토록 주님을 찬송하게 하소서"

💙 그럴 계기나 기회가 없어서 잘 표현을 안하지만, 많은 청년들은 그들의 미래를 걱정하고, 기대도 하고, 고민도 합니다. 그런 그들에게 가서, 그들과 공감하고, 그들의 이야기를 들어 주면서, "모든 꿈과 미래의 주인", "영원한 내 편"인 하나님을 소개한다면, 그들은 보기보다 쉽게 하나님을 받아들입니다. 하나님의 역사하심으로. 그래서 우리는 입을 엽니다.

그런 청년들은 병원뿐 아니라, 캠퍼스에도 있습니다. 학교 도서관에도 있습니다. 학교 주위 카페에도 있습니다. 때로는 지하철에서 만날 때도 있습니다. 은행 대기실에서도 만날 수 있습니다. 우리가 마음만 먹으면, 하나님은 그런 꽃다운 청년들을 우리 앞에 세워 주십니다. 그것이 하나님의 소원이니까요!!! 갑시다!!! 생활의 현장으로!!!

"모든 사람은 하나님을 꼭 만나야 한다"는 확고한 믿음을 가지고!!!

2) 중장년에게 있어서는,
인생은 어떠한 형태로든지 고달픕니다. 보람도 있고, 아직도 꿈을 가지지만, 그것들을 이루어 가는데는 많은 수고와, 염려, 걱정, 스트레스와 고뇌가 따르는 시절입니다.

이러한 그들에게는 푹 쉴 수 있는 안식처가 필요하고, "모든 것을 맡길 수 있는 분"이 필요합니다. 그래서 내가 이끌어 가던, "인생의 고된 운전대"를 맡기고 싶을 때도 많습니다.

그러나, 그렇지는 못하고, 또한 인생이란 본래 모든 사람들이 다 그렇게 살아가는 것이니까 스스로 체념하면서 살아가고 있습니다.

그러한 그들에게 인생은 "한 치 앞도 못 내다보면서도 내가 내 인생의 주인인 줄 알고 속아 사는 것"임을 깨닫게 하고, "인생의 진짜 주인", "영원한 내편", "내 고달픈 인생의 운전대"를 맡길 수 있는 분(하나님)을 소개해 드리는 것입니다.

사례1 - 스트레스 : 성경이 읽고 싶어 졌어요

오전 진료 끝나가는 시간. 000님 30대 환자분. 오래전부터 가족들이랑 같이 우리 병원에 아플 때마다 다니던 환자. 아버지도 우리 병원에서 위암 발견해서 치료. 오늘은 소화가 잘 안되고, 명치와 가슴에 뭐가 걸린 것 같고, 혀에 백태도 나고, 손발도 좀 붓는 것 같고. 가스도 차고. 다른 병원 며칠을 다녔는데도 효과 없음.

이야기 중, 직장-00센터, 아버지 공장 일도 거들어 드리고. 00센터 할머니, 할아버지들 속 썩이는 이야기, 본인이 알약은 절대 삼키지 못하는 것 등. 그래서 일이 "과부하"라고 스스로 진단. (하나님의 신호! 탐색 시작!)

　이야기한 증세들이 바로 지금 스트레스 때문에 생기는 증세들. 스트레스 안 받고 일하려면 일을 즐겨야. 그럴려면, "생활 패턴" 바꾸어야. 인생의 패러다임 바꿔야. 그래야 OO센터 노인들 이해되어 지고, 진정으로 도와 줄 수 있다. 그 사람들의 문제는 죽음이다. 그리고 자손들 문제. 그 해결책은 바로 이것. 약장 위에 얹혀 있는 기드온 성경을 손으로 가르켰다.

　그런데 "안 그래도 최근, 불교(집안) 생활을 좀 바꾸고 싶고, 성경이 갑자기 읽고 싶어져서, 만화로 된 성경책을 사서 읽고 있는 중이예요"(아! 하나님 아버지 예비된 영혼 또 보내 주셨군요!)

　그래서 내가 "너무 좋은 생각. 제대로 길을 찾았다!!" 사실 OOO님이 고민하는 것도 깊은 곳에서는 죽음. "예" OOO님이 "죽음"의 문제를 해결해야 노인들 도와 드릴 수 있다. 그 문제 해결하는 길이 바로 이 성경에 있다. "나도 OOO님 병 치료하고 도와 드리려 성경책 소개한다." "예"

　그런데 이 성경의 저자는 하나님. 그래서 하나님 만나야 해결 가능. 하나님 만나고 교통하기 전에는 이 책은 아무리 좋게 봐야 도덕책. 그중에는 어렵고 이해 안되는 부분도 많고. "그래요. 실제로 어려워요!" 그러나 하나님과 교통하면 알아듣기 쉬운, 너무도 도움 되는 책.

"하나님과 교통하고 싶어요?" "예" 복음전도 시작! 영접기도. 확인 구절. 하나님의 자녀. 천국 간다. 자녀가 되는 권세. 이 모두 하나님의 사랑, 은혜. 성경책은 이제 "아버지 편지"! 기도는 "아버지와 교통" 하는 법. 교회는 하나님의 아들 딸들이 모여 하나님예배, 찬양.

OOO님 누구 자녀? "하나님" 죽으면 천국 간다? "예" "아버지가 둘!" 고개를 끄덕끄덕. "이제 인생의 운전대를 하나님께 맡기세요" 약을 짓고, 내시경 검사 예약하고 가셨다.

♥ 세상은 "병원" 입니다. "죄"로 인하여 "죽음"이라는 "질병"을 앓고 있는 큰 "병원" 입니다. 그리고, 우리는 모두, "예수"님이라는 가장 큰 "의사"를 모신 "조수" 들입니다!!! "조수" 들의 책임을 곳곳에서 감당하는 우리들이 다 되었으면 참 좋겠습니다.

사례2 - 젊은 사장 : 영원한 내 편

추운 날씨. 오후 2시 반. 20대의 OOO사장. 어머니와 같이. 피곤하고, 술 냄새가 자고 나도 있고, 소화도 안 되고. (하나님의 감동. 내 입을 열기 시작함)

사장하는데, 여러 결정. 힘들 때도 많다. "예" 아버지, 어머니 있지만 그래도 한 분 영원한 내편 있으면 너무 좋다. 내 간증. 영원한 내편은 바로 하나님. 내 편 있은 후의 변화. 하나님의 은혜!

000님도 영원한 내편 만들어 볼래? "예" 길은 간단. 내 편이 되려면 서로 알아야 한다. 그 알도록 길을 마련해 주시는 분이 예수.

복음 증거. 우리는 죄인. "예" 교통 끊어져 있다. 하나님의 아들 예수님이 이어 줬다. 이 땅에 오셔서 십자가에 피흘려, 죄 때문에 죽을 우리 대신 우리 죄를 몽땅 탕감해 주시고, 하나님과 나 사이의 길을 다시 열어 주셨다. 그 예수님 믿으면 나도 하나님의 아들이 된다.

믿어지면 기도하자 "예" 영접기도. 기드온 성경 드리고, 확인 설명. 요1:12, 요3:16, 요6:47 하나님의 아들? "예" 천국 간다 "예" 거침없이! (주님이 예비하신 영혼!!! 감사합니다) 기도 가르쳐 드리고, 성경말씀 하나님 편지, 가르쳐 드리고 같이 기도.

♥ 인생은 고달픕니다. 어떤 형편에 어떤 모습으로 살아가든지. 인생은 고달프고 힘듭니다. 그 인생의 여정 길에서, 하나님만 만나면 되는데, 기회가 없습니다. 그 길을 인도해 드리는 것이 우리의 사명입니다. 위의 젊은 사장처럼.

사례3 - 인생의 운전대

바쁜 오전 진료 시간. 40대 환자분. 혈압이 높아서 상담하러 왔다. 청년 때 우리 병원에 오고, 결혼한 후엔 부모 집 떠나 따로 살림. 재

작년 감기로 한 번 들렀다가 오늘 부모님 집에 오는 길에 우리 병원 생각나서 혈압 의논하러 왔단다. (주님이 보내셨는가? 확실하게 와 닿지 않았으나 일단 접근하기로 결정)

혈압은 네 번 측정한 것 중 세 번이 높음. 가족력은 없지만, 비만도 있어서, 혈압 약 권함. (그리고, 바로 직접 접근) 신앙 가진 것 있으세요? "아뇨" "그럼 교회 다니세요" "네?"

"제가 교회 다니라는 말씀드리는 것은, 고혈압 치료 위해서는 스트레스 해결해야. 스트레스는 내가 주인이기 때문에 생기는 것. 그 해결을 위해 필요"

내가 주인인 경우에 닥치는 여러 상황, 어려움. 앞일을 모르면서, 앞일을 아는 것처럼 운전해야 하는 걱정, 불안, 두려움. 더군다나 이제 내가 가장. 내가 책임져야. 부모 밑에 있을 때는 편했다. 고개를 끄덕 끄덕.. 그래서, 내가 주인을 그만 두고, 맡기면 스트레스 해결.

그런 길 있나? 있다. 나는 33살 때 내 인생의 운전대 딴 분에게 맡겼다. 그분이 바로 하나님. 그 뒤 내 인생의 틀이 바뀌었다. 그런데, 하나님께 운전대를 맡기려면, 먼저 그분과 만나야. 마치 OOO님이 나를 알고 나도 OOO님을 알듯이. 그런데 지금 OOO님은 그 길이 없다.

그 길을 만드는 것 – 복음제시. 막힌 담. 죄인. 해결책. 독생자. 십자가. 보혈. 믿음. OOO님. 믿으시면 하나님께 말로 고백. 제가 도와드릴 수 있다. 그렇게 하시겠습니까? "네" 영접기도 같이.

기드온 성경 드리고, 요3:16, 요1:12, 요6:47 보여 주고 읽게 하고, 확인. 이제 인생의 운전대 하나님께 맡기세요. 말씀, 기도, 교회, 설명.

♥ 하나님을 떠난 인간들이 어느 누구 할 것 없이 헤엄쳐야 하는 곳은 스트레스의 바다입니다. 한 치 앞을 예측하지 못하는 현실에서, 그래도 자기가 주인이 되어, 모든 일을 결정하고 나가야 하는 것이 고달픈 인생의 모습입니다. 그들에게 그 모든 것들의 해답이신 하나님을 만나게 하는 것 – 여기에 우리들의 역할이 있습니다.

사례4 - 인생의 피곤 : 천국갈 수 있나요?

30대 환자분. 자주 피곤하고, 건강 검진 상 간수치가 증가되어 있어서 내원. 소화도 안 되고. 빵, 밀가루, 국수 좋아 하나요? "예" 간수치는 지방간이 있을 때 올라 갈 수 있고, 지방간은 소화기능과 관련 있습니다. 여기에 대해서 검사함. 결과, 간 염증, 지방간, 몸 전체에 염증.

밀가루 때문에 장이 약화, 몸과 간에 염증. 빵, 밀가루는 스트레스 때문에 섭취. 스트레스의 근본 원인은 내가 주인 노릇하기 때문. 그런데 그 주인 노릇은 불안, 걱정, 염려, 스트레스. 그래서 마음의 문제, 정신의 문제가 몸에 영향.

해결은 내가 주인 노릇 포기. 맡기면 된다. 나는 주인 노릇 포기하고 맡겼다. (내 간증). 하나님께 맡겼다. 이때 "저도 교회 가요" "아 그랬군요. 언제부터 다니셨어요?" "모태 신앙이예요" "그래요?"

그리스도인 냄새가 약한 것 같아서 "주님…" 하고 숨을 한 번 들이쉬고, "그럼 오늘 죽으면 천국갈 수 있어요?" "그건.." 말꼬리를 흐린다. (아! 하나님 예비해 두신 영혼이네요!)

"하나님을 믿는다고 하고, 교회 다녀도, 하나님과 나와의 관계가 확립되지 않으면 하나님께 맡길 수도 없고, 맡겨도 온전한 관계가 성립되지 않아요"
문제는 죄. (복음증거 시작). 천국 문을 여는 열쇠는 믿음. "내가 길이요 진리요 생명이니 나를 말미암지 않고는 아버지께로 올 자가 없느니라"

복음 영접 확인. 결신기도 같이. 요1:12 읽으시게 함. 요3:16, "누구 자녀?" "하나님 자녀" "천국 가신다?" "예" 할렐루야!

💙 하나님을 확실히 만나게 해 드려야 합니다. 비록 교회에 다니신다고 할지라도 하나님과의 관계를 확실히 모를 때도 있습니다.

3) 노년기에서는
인생의 죽음을 생각합니다. 한 치 앞도 못내다 보는 인생이지만, 남들이 다 그렇게 살아가니까, 나도 아들 낳고 딸 낳고, 키우고, 입히고, 먹이고, 시집 장가 보내고, 인생을 그렇게 살아 왔습니다. 때로는 내 나름대로 인생을 즐기며 살아 왔습니다.

그러나 어느 덧, 흰 머리가 나고, 주름이 생기고, 근력이 떨어지고, 가는 세월을 잡을 수 없고, 오는 세월을 막을 수 없어서, 이팔 청춘 고운 얼굴이 주름 투성이로 변하고, 두 계단을 성큼 뛰던 걸음이 아기 걸음으로 바뀔 때, 인생은 죽음으로 결산해야 할 것으로 다가 오기 시작합니다. 지나 온 날들이 후회와 아쉬움과 미련으로 다가 옵니다. 자식들에 대한 실망도 클 수 있고, 건강에 대한 걱정도 더 없이 커질 때입니다.

이런 그들에게, "허무한 인생을 다시 한 번 생각" 하게 하며, 죽은 후에는 어디 가나? "천국과 지옥"의 문제를 이야기 하면서, 그것을 해결할 수 있는 분(하나님)을 소개드리는 것입니다.

사례 1 - 멀리 멀리 갔더니

비가 오는 오후 3시. 지난 번 오셨던 50대 환자분. 미국 가서 아이들을 공부시키고, 이제 귀국했는데, 불면증이 심하고, 가슴이 답답해서 지난번 내원했다가, 심전도 검사 후에 협심증 의심되어 이웃 종합병원에 보내 드렸더니, 가서 검사하고 치료 후에 다시 오셨다.

"그동안 많이 답답하셨겠네요"
"네. 미국 있는 동안에는 속을 털어 놓을 사람도 없고, 생활은 바쁘고 힘들었는데, 여기 와서도 아는 사람도 없고, 길가는 누구라도 붙잡고 하소연이라도 하고 싶었어요. 불면증이 심해서 병원에 가서 약 먹어도 그 때 뿐 해결되지 않아요" (아! 하나님! 갈급한 심령!)

"000님 마음에 쌓인 그 많은 이야기들은 어느 누구 시원하게 해결해 줄 수 없어요. 의사도 소용없고, 아는 사람도 해결 못 해주고, 자식도 못 알아주는 것. 해결할 수 있는 분은 오직 한 분.

나도 옛날에 그런 때가 있었는데, 그분에게 맡기고 해결" "그분이 누구입니까?" "하나님" "예?" 내가 항복한 –창2:7절– 말씀을 바로 설명.

하나님이 우리를 만드셨기 때문에 우리의 사정을 가장 잘 아신다. 오직 하나님만이 000의 마음을 아시고, 그 힘들고 답답함을 해결해 주실 수 있다. 그런데 그렇게 하자면 하나님과 교통해야 하는데 담이 가로 막혀서 교통할 수 없다.

"그 담이 뭐예요?" (하나님 감사합니다!) "그것은 000님의 죄". 연이어 복음을 제시!! 연이어 영접기도!!! 따라 기도하시면서 우신다. 소리 내어 우신다. (아! 하나님 이 절절한 마음 받아 주시고 품어 주시옵소서!!).

기드온 성경 드리면서, 요1:12. 3:16, 6:47 설명 "이제 000님은 누구 딸?" "하나님 딸". 할렐루야! 기도 가르쳐 드리고, "이제 마음 놓고 하나님 아버지께 기도하세요" 그리고 다시 한번 같이 간절히 기도했다. "하나님 아버지…"

♥ 우리가 눈을 떠서 보면, 우리 주위에 갈급한 심령들이 의외로 많습니다. 꼭 제가 의사로서 진료하는 환자이기 때문은 아닙니다. 일반 병원에는 진료를 하지 않아도 얼마든지 그러한 사람들을 만날 수 있습니다. 환자며, 보호자며, 문병 온 사람 등. 많은 사람들이 죽음을 생각하는 곳입니다. 거기에는 하나님 만나야 하는 분들도 많습니다… 우리가 마음만 먹으면, 하나님이 행하십니다. 시작해 보십시오.

사례2 - 마음이 아파서 왔습니다.

월요일 오전 11시. 50대 환자분. "어디가 아프십니까?" "마음이 아파서 왔습니다" (순간 아!) "마음이 아픈 것을 고치시는 분은 딱 한 분이 있는데. 그분은 바로 하나님입니다." 순간 환자의 입에서 "할렐루야"

놀라서 물어보니, "군대 있을 때 주위에 믿는 친구들이 있어서 들었고, 또 친척 중에도 목사님들이 계시다고 한다. 그래서 교회 다니시는가 물었더니 그렇지는 않다고 한다.(아! 하나님! 보내셨군요!)

그리고는 사실은 늘 수면장애로 정신과 약을 먹고 있는 중에, 술을 끊으려고 결심하고 술을 안 먹었더니 금단 증세 비슷하게 오고 속도 안 좋아서 약도 처방받고, 영양제도 맞으러 왔다 한다.

그런데 OOO님 "원장님 얼굴 너무 잘 생겼네요" 내가 웃으면서 "나는 두 가지 약-신약과 구약- 하나님 약속의 성경 말씀 먹으니 그렇습니다." "그러면 원장님만 따라 다니면 되겠네요. 와서 자주 진료도 받고"

"아닙니다. 나는 몸 아픈 것은 좀 고칠 수 있지만, 마음은 못 고칩니다. 나는 그저 심부름꾼. 하나님과 OOO님이 만날 수 있도록 길 알려드리는 역할. 그런데 사실 하나님은 OOO님을 간절히 기다리고 계십니다. 이제 그 길을 가보면 어떨까요?" "예"

그래서 막힌 담-죄-해결책-예수님-복음 증거. 이어서 기드온 제작 성경 꺼내어 요1:12, 요3:16 같이 읽고 확인. 다음은 영접기도. OOO "이제 열심히 이 책을 읽어야 겠네" "그렇죠. 이것은 하나님 아버지 편지. 약속. 부지런히 읽으시면 그 안에 다 들었습니다."

그리고 이어서 기도 설명. 사실은 이 기도가 바로 하나님과 통하는 길. OOO님 힘 드는 것. 원하는 것. 이제 모두 기도로 하나님께 아뢴다. 그러면, 하나님이 들으시고 그 길을 인도해 주신다.

이제 OOO님은 아버지가 두 분. 다음은 고향이 두 개. 하나님은 절대 약속 지키신다. 인생이 아니니 식언치 아니하신다. 이제 OOO님에게 영원한 내 편이 생겼다! 웃고 이야기하면서 하나님께로 인도했다. 그리고 다시 같이 OOO님의 마음도 몸도 하나님께서 다 치료해 달라고 간절히 기도했다.

♥ 세상 도처에는 표현을 안 해서 그렇지 갈급한 심령이 너무도 많습니다. 그들은 체념하며 살거나, 억지로 자기합리화하며 살아갈 때가 많습니다. 그러나, 우리가 준비만 되어 있으면, 하나님은 그런 갈급한 심령들을 만나게 해 주십니다. 그들에게 하나님 만나게 해서 그 심령에 쉼을 드리는 것이 전도의 기쁨입니다.

사례3 - 너무 힘듭니다 : 주인론

오후 5시 반. 60대 환자분. 근래 1년간 속이 너무 답답하고 아파서 검사했다. 우리병원에서의 결과는 위염이 좀 심하고, 식도염 경하게 있고, 혈액검사상은 큰 이상이 없었다.

환자는 말한다. 검사하면 큰 이상은 없고 그저 위염 정도인데, 증세는 계속 지속적으로 심하다. 너무 힘들어서 가족이 아니라면 결단을 내리고 싶었던 때도 있었단다.
(이때 반짝! 죽음을 생각했다면, 인생의 패러다임을 바꿀 수 있겠다!)

나: 이 병을 해결하려면 방법은 있다. 이때까지 살아온 인생의 틀을 바꾸면 된다. 그런데, 60평생 살아온 인생의 틀을 바꾸기는 어렵지 않나? 그래도 만약 인생의 틀을 과감히 바꾸겠다면 내가 도와 드릴 수 있다. 그렇게 해 보시겠나?

환자: 그것이 무엇인가?

나: 우리 인생의 틀은 한 마디로 우리가 주인 되어 살아온 것이다. 앞일을 잘 모르는 불확실한 가운데서도 내가 주인 되어 결단하고, 책임지고, 고생하고, 그래도 그럭저럭 자식 키우고 살아온 것이다. 그래서, 그동안 힘겹게 살아오는 가운데서 몸도 약해지고, 기능도 떨어지고, 그래서 병도 생기고, 증세도 나타나고, 안 낫고, 그 결과가 지금의 모습이다. 이제는 이 증세 저 증세 점점 더 심해지고, 그러다가 죽는다. 그래도 지금도 내가 주인 되어 결정해야 할 일들이 많다. (하나님을 떠난 인생의 모습)

환자: 맞다!

나: 지금이라도 틀 바꾸면 된다. 내가 주인 안하고, 맡기면 된다. 누구에게? 하나님. 나는 40년 전에 맡겼다. 그리고 나니 너무 좋았다. 인생의 운전대를 하나님께. 하나님은 온전히 믿을 수 있는 분! "그렇게 하실래?"

환자: "예. 그러지요."

하나님께 맡기려면 하나님과 교제해야 한다. 복음증거 시작! 죄인-끊어짐-예수-피흘림-사함-길, 교제. 그 후에 영접기도. 이제 하나님이 아버지다.

나: 이제는 하나님 아버지 편지(성경) 읽고, 하나님 아버지께 아뢴다(기도). 아픈 것 포함해서 모두. 자식이 떡을 달라 하는데 돌덩이를 주시겠나? 기도하면 주신다. 이름 적어서 기드온 성경 드림.

성경 받으시며, 환자: "원장님 감사합니다. 열심히 잘 읽고 잘 믿겠습니다" 할렐루야! 약을 짓고 일주일 후에 오시기로 하고 가셨다.

♥ 우리가 우리 인생의 주인 노릇하는 것은 너무 힘듭니다. 그러나, 바른 길을 몰라서 방황하고 있는 사람들이 많습니다. 그들을 만나서 복음을 전하는 복된 발걸음이 된다면 얼마나 좋겠습니까?

사례4 - 스트레스 : 하나님 자녀

50대 환자분. 당뇨병으로 늘 우리 병원에 다니시던 분. 이번에는 당화혈색소 수치가 지난번 보다 많이 증가했다. "나빠졌네요" "밤에 많이 먹어서요" "왜 그랬나요?" "직장에서 아이들 돌보며 스트레스 받아서요"

"아! 그렇군요. 스트레스에 대한 유일한 해결책은 예수님 믿는 것. 예수님 믿고 보는 눈이 바뀌면 스트레스의 대상이 아니라 정성으로 돌보아야 할 대상이 되죠" 벽에 걸려 있는 "항상 기뻐하라 쉬지 말고 기도하라 범사에 감사하라(살전5:16-18)" 라고 적혀 있는 현판을 가리켰다.

그러니까, "교회 다니고 있어요. 이 근처 ○○교회"(아! 하나님!)
"그럼 ○○○님 하나님 자녀 맞으세요?" "어떤 때는 맞는 것 같고 어떤 때는 아닌 것 같아요" "아 그래요? 그건 하나님과의 관계가 아직 정확히 안 이루어져서 그래요"

"이 참에 하나님과의 관계를 확실히 하죠" 죄와 단절과 해결책에 대해서 이야기. 복음 증거. "이제 ○○○은 누구 자녀?" "하나님 자녀" 기드온 성경 드리고 요1:12, 요3:16로 확인. "이제 영원한 내편, 가장 든든한 백 생겼어요" 웃음^^

같이 기도했다. "하나님 아버지, 주님이 사랑하시는 ○○○, 이제 하나님 자녀가 확실히 되었사오니 영원토록 함께 하시고, 기쁨과 보람과 복이 넘치게 하옵소서". 기도 후에 눈물을 훔친다. "영원한 내 편이 생겨서 기뻐요." "그렇죠, 이제 하나님께 다 맡기시고 즐거움과 사랑으로 근무하세요" "네"

💙 우리는 우리 힘으로 그들의 근본 문제를 해결할 수 없습니다. 답은 오직 하나님 확실히 만나는 것. 막연하게 아는 것이 아니라, 확신을 가지게 해야 합니다. 우리가 눈을 떠서 그 길을 알려드리면, 하나님께서 얼마나 기뻐하시겠습니까?

그러면, 다음으로 복음증거에 대해서 살펴 봅시다.

4) 복음 증거

먼저 복음증거를 요약하면 다음과 같습니다.

1. 당신은 하나님을 만나야 합니다. (필요합니다)
2. 그런데, 당신은 죄인입니다. (롬3:23, 롬6:23)
3. 그래서, 하나님을 만날 수 없습니다. (사59:2)
4. 그래서 하나님은, 하나님의 독생자 예수님을 이 땅에 보내셔서 이 문제를 해결하셨습니다. (마20:28)
5. 하나님의 아들 예수님은, 우리를 대신하여 십자가에 못박혀 피 흘려 돌아 가심으로, 우리의 죄를 몽땅 사해 주셨습니다. (요19:30, 엡1:7, 롬5:8)
6. 누구든지 예수님을 믿기만 하면, 하나님의 아들이 되고, 하나님과 교통하고, 천국 갑니다. (요1:12, 요3:16)

"생활 전도"가 일반적인 복음증거와 조금 다른 점은, 대부분의 복음증거는 먼저 "하나님은 당신을 사랑합니다"라는 말로 시작하는데, "생활 전도"에서는 실제 생활 이야기를 하다가 복음을 증거하기 때문에,

"하나님은 당신을 사랑합니다"라는 막연한 말보다는, 보다 실제적이고, 보다 절박한 "당신에게는 하나님이 꼭 필요하다" 혹은, "당신은 하나님을 꼭 만나야 한다"라는 말로 시작해서,

"하나님을 한 번 만나 보시겠습니까?"라고 묻는 것입니다.(복음

에의 초대)

이때 만나겠다고 하면 복음증거의 순서로 넘어 갑니다.

"생활 전도"에서의 복음 증거 과정을 간단히 살펴 보면,

먼저, "하나님을 만난다"는 것은, 막연히 하나님에 대해서 아는 것이 아니고 하나님이 나를 알고, 내가 하나님을 아는 것입니다.

그런데 하나님과 우리가 만나려니 하나님과 우리 사이에 죄의 담으로 막혀 있습니다.

그 죄의 문제가 해결되지 않으면 우리는 하나님을 만날 수 없습니다. 왜냐하면, 우리는 모두 죄인이기 때문에 죄가 없으신 하나님과는 도저히 교통할 수 없습니다.

그래서 하나님은 이 문제를 해결하시기 위해서 하나님의 독생자 예수그리스도를 이 땅에 보내셨습니다.

하나님의 아들 예수님은 우리를 대신하여 십자가에 못박혀 피 흘려 돌아가심으로, 우리의 죄를 몽땅 사해 주셨습니다.

누구든지 예수님을 믿기만 하면, 믿고 마음에 받아들이기만 하면,

믿는 자는 행위가 아니라 그 믿음으로 하나님의 아들이 되고, 하나님과 교통하고, 천국 가는 것입니다.

사례 1

그래서 하나님은 우리와 같이 교통하고 이야기하시기를 원하신다. 그런데 같이 교통하고 이야기하려니 우리의 죄 때문에 막혀 있다. 벽이다. 그래서 죄를 없이 해야 하는데, 죄를 없애려면 하나님이 사랑하는 우리가 죽어야 한다.

왜냐하면 모든 인간은 날 때부터 죄인이기 때문에. OOO님도 자신이 죄인이라고 생각하시죠? "네" (청신호, 계속 진행) 우리가 그 죄를 가지고는 죄가 없으신 하나님과는 도저히 교제할 수 없고, 죄 때문에 결국은 죽는다. 그러나 하나님은 우리가 죄 때문에 죽는 것을 원치 않으신다. (하나님의 사랑)

그래서, (해결책) 예수. 하나님의 아들. 죄가 없으심. 우리들의 죄를 대신 지시기 위해서, 인간의 모습으로 오심. 그분이 예수 그리스도. 그래서 예수님은 성경에 보니까 "내가 길이요 진리요 생명이니 나를 말미암지 않고는 아버지께로 올 자가 없느니라"라고 하심.

왜냐하면 모든 인간은 제 죄 때문에 죽느라고 도저히 남을 구원할 수 없다. 그래서 죄가 하나도 없으신 예수님이 우리 대신 십자가에 피 흘려 돌아가심으로 우리 죄를 몽땅 사하여 주셨다. 죄의 벽을 무너뜨려 주셨다.

우리가 우리 대신 우리 죄를 다 갚으신 예수님을 믿으면 하나님은 죄를 탕감받은 우리와 교통, 하나님의 자녀로 삼아 주시고, 영원히 함께 천국까지 인도하신다. OOO님 이제 제 이야기 드린 것 믿고 마음에 받아들이시겠습니까? "네" 같이 영접기도.

사례 2

그런데 하나님이 OOO님을 만나 주려 하니까 담이 가로막혀 안 된다. 그것은 바로 죄다.

OOO님이 죄를 지어서 담이 생긴 것이 아니라, 본래 우리는 죄인으로 태어 났기 때문에 죄를 짓고 그것이 하나님과 우리 사이를 막는 담이 되는 것이다. 우리 잘못 아니다.

그래서 모든 사람들은 죄를 안 지을 수 없다. (죄의 강조)

사과나무는 사과밖에 열릴 수 없고, 배나무는 배밖에 열릴 수 없다. 마찬가지로 죄인은 죄밖에 지을 수 없다. 해적선의 해적처럼. 해적선의 해적이 아무리 착한 일 해도 잡히면 교수형이다. 그렇듯이 우리는 모두 죄로 죽는다.

그런데 하나님은 우리를 너무 사랑하셔서 그의 무궁한 지혜로 그 해결책을 마련해 두셨다! 그분이 바로 예수님이시다!

5) 믿고 마음에 영접하시겠습니까?

복음증거 후 다음 단계는 믿음의 확인입니다. 위의 질문에 대해서 그러겠다고 하면 영접기도를 합니다.

롬10:10 사람이 마음으로 믿어 의에 이르고 입으로 시인하여 구원에 이르느니라

영접기도는 보통 다음과 같이 합니다. 이때 복음증거자가 구절마다 먼저 하고, 결신자가 따라 합니다.

"하나님, 저는 죄인입니다. 하나님의 아들 예수님이 십자가에 못 박혀 피 흘려 돌아 가심으로써, 저의 죄를 몽땅 사하여 주신 것을 믿습니다. 이제 예수님을 (저의 구주로) 마음에 영접합니다(받아 들입니다). 하나님 아버지, 이제 저를 자녀로 삼아 주셨사오니 영원토록 함께 하시고 인도하여 주시옵소서"

즉 "내가 죄인인 것과 하나님의 아들 예수님이 피 흘려 돌아가심으로 내 죄를 대신 사해 주신 것을 믿는 것"을 고백하는 것입니다.

대상자가 영접기도를 함으로써, 이제 하나님과 교통하게 되었고 예수님처럼 하나님의 자녀가 된 것입니다.

요1:12 영접하는 자 곧 그 이름을 믿는 자들에게는 하나님의 자녀가 되는 권세를 주셨으니

6) 구원 확인 및 즉석 양육

그다음 순서로 우리가 해야 할 것은 방금 입으로 고백한 기도를 성경 말씀으로 확인시키는 것입니다. 이때 자연스럽게 성경말씀이 하나님의 말씀이고, 동시에 우리와 약속하신 말씀으로, 하나님은 반드시 그 말씀을 지키신다는 것을 확인시킵니다.

민23:19 하나님은 인생이 아니시니 식언치 않으시고 인자가 아니시니 후회가 없으시도다 어찌 그 말씀하신 바를 행치 않으시며 하신 말씀을 실행치 않으시랴

그런 다음 이제 믿음으로 고백한 내용을 하나 하나 확인시킵니다.

하나님의 자녀가 되는 권세
요1:12 영접하는 자 곧 그 이름을 믿는 자들에게는 하나님의 자녀가 되는 권세를 주셨으니

멸망하지 않고 영생을 가짐(과거형)
요6:47 진실로 진실로 너희에게 이르노니 믿는 자는 영생을 가졌나니

이 모두, 알고 보니, 하나님의 사랑
요3:16 하나님이 세상을 이처럼 사랑하사 독생자를 주셨으니 이는 그를 믿는 자마다 멸망하지 않고 영생을 얻게 하려 하심이라

하나님의 은혜, 우리들의 행위가 아닌 하나님의 선물
엡2:8 너희는 그 은혜에 의하여 믿음으로 말미암아 구원을 받았으니 이것은 너희에게서 난 것이 아니요 하나님의 선물이라

그리고 아래 몇 가지 질문은 결신자로 하여금, 믿은 후의 변화된 상태를 확인하는데 아주 도움이 될 수 있습니다.

이제 OO님은 누구 자녀?
OO님은 아버지가 두 분! 맞습니까?
이제라도 죽으면? 천국 간다.

다음으로 성경말씀과 기도와 교회에 대해서 즉석으로 알려 드립니다(양육합니다).

하나님 말씀: 하나님은 우리가 보지 못하지만 성경말씀으로 하나님이 모든 것들을 말씀하십니다. 비유하자면 "멀리 떨어져 있는 아버지가 아들(딸)에게 보내는 편지"라 할 수 있습니다. 이제 그 하나님 말씀이 우리 삶의 표준이 됩니다.

기도: 한마디로 하나님 아버지와의 대화라고 할 수 있습니다. 내가 아버지에게 이야기하고, 또 아버지가 나에게 이야기하는 것입니다. 즉, "영원한 내 편"과 함께 항상 서로 교통하는 것입니다. 사실 이 기도가 우리들의 일상생활과, 인생을 살아가는데, 아주 중요한 역할을 합니다. 그래서 "생활 전도"에서는 특히 이 부분을 강조합니다.

교회 : 믿는 자녀들의 모임. 모여서 함께 하나님께 예배하고, 삶을 나누고, 서로 위로하고, 격려하고, 말씀을 배우는 곳.

생활 전도 사례

📥 사례 1 – 양자역학의 주인

오전 12시경 20대 OOO, 그전에 우리병원 다녔던 엄마랑 같이 왔다. 배가 거북. 소화안되고. 입맛은 있는데. 일주일 전 설사. 그 후 계속 증세가 있단다. 피곤하냐? 가끔 피곤. 최근 입사해서 긴장. 어디냐? 환경공단. 무슨 과? 화학과 졸. 지금 맡은 분야는? 하수도 환경관리. (엘리트 청년! 검사 계속하면서 대화).

하수 오염에 수은이 최고 문제. "네 잘 아시네요." 환경문제 접근. 보통 방식 해결 안 될 수도 많다. 전혀 다른 접근 필요. 예를 들면, "수은을 잡아 먹는 미생물을 하수에 뿌려 본다." 또 있다. 하수도의 열을 다시 이용해서 쓴다. 그 에너지는 청정에너지다. 실제로 그런 연구 많이 한다. "예. 맞아요. 우리도 그 연구해서, 어느 정도 이용하고 있어요"

이런 것들은 단지 꿈일 수도 있다. 그러나 그런 꿈을 가지다 보면 이룰 수 있다. 꿈을 가진 자가 이룬다. 그런데 그 꿈의 주인이 있다. 그 꿈의 주인을 만난 사람들은 많은 좋은 일들을 했다. 나도 그 꿈의 주인을 만나고, 세상 보는 눈이 확 바뀌었다. "그 하늘이 그 하늘이 아니다." 그리고, 교수도 하고, 기능의학도 하고, 양자역학도 알게 됐다. (양자역학에 눈이 반짝).

그래서 내가 양자역학 설명. 사실 현대는 양자역학의 시대다. 자동도어, GPS, 클라우드, 빅데이터, 양자컴퓨터, 모두 양자역학 산물, 현대는 앞으로도 계속 양자역학을 토대로 눈부시게 발전해 나갈 것이다. 양자역학 알면, 눈이 휘해진다. 양자역학은 한 마디로 전자 이하의 세계를 설명하는 역학. 뉴튼의 만유인력을 기초로 한 뉴튼 물리학을 대신해서 나온 것. 3가지 기본. 1. 물질이 에너지로, 에너지가 물질로. 2. 불확실성의 원리 3. 모든 것은 연결되어 있다. 이를 통하여 천지의 모든 것들과 우주의 운행까지도 예측 가능. (눈이 동그래지며, 빨려드는 눈빛). 그런데, 양자역학의 주인도 꿈의 주인과 동일.

OOO도 꿈의 주인을 만나고, 꿈을 이루고 싶나? "예!" 그러면 내가 그 길을 안내해 줘도 되겠나? "네" 복음증거 시작.

꿈과 양자역학의 주인은 바로 하나님. 그 하나님은 사실 우리와 만나고 싶어 함. 그러나 우리는 죄인. 죄가 없으신 하나님은 우리를 만날 수 없음. 예수님. 보혈. 믿음.(계속 증거). 결신기도.

이제 OOO에게 아버지가 두 분. 나를 육신의 몸으로 낳아 주신 아버지. 나를 이 세상에 있게 하신 아버지. "예" 이 세상 떠나면 어디 가나? "천국" (대답이 너무도 또렷하다). 성경구절로 확인함. 요6:47: 이미 가졌다. 요1:12: 자녀가 되는 권세, 엡2:8-9: 은혜로 말미암아 믿음으로 구원. 공로가 아니고!

성경은 하나님 아버지 편지: 하나님이 우리에게 주시는 말씀, 사랑, 지혜, 용기, 위로 다 들어 있다. 구하면 주신다! 특별히 지혜, 꿈의 시작. (기드온성경, 도움성구 설명, 이름적어 줌)

기도는 하나님과 교통하는 것: "하나님 아버지... 이 모든 말씀 우리 구주예수님의 이름으로 기도드립니다" 예수님을 통해 하나님께 갔으므로. (설명 적어준 쪽지도 가져감)

사례 2 - 집주인을 바꾼다

50대 후반 환자분. 몇 년 전부터 피곤할 때 와서 검사도 하고, 영양주사도 맞고 하시던 환자. 별 특별한 병은 없고. 올해 들어 몇 번 연달아 오시더니, 오늘은 많이 피곤하고, 가슴도 답답하고, 뭔가 불안하고, 명치 밑에 뭔가 막힌 것도 같고, 입술 주위도 헐고. 그래서 영양주사 맞으시려 한다.

(내 마음이 반짝). 그래서 "근본적으로 낫게 하려면 사는 방법을 좀 바꿔야 하는데... 만약 그 방법 듣고 싶으면 영양주사 맞고 말씀하세요^^" 그런데, 영양주사 맞고 오시더니 "그 방법이 뭔가요?" (아! 주님!)

그래서 시작. 문제는 바로 우리가 모두 우리가 주인이라는데 있다. 우리가 주인되어서 이때까지 살아온 거다. 그래서 생긴 문제. 그런데 생각해 보면, 우리는 우리의 주인이 아니다.

우리가 주인이라고 하면서 살아왔지만, 우리 마음대로 안 되는 것 너무 많고 우리가 모르는 것 너무 많아서 늘 불안, 걱정. 그래도 허둥지둥 남들 살아가는 대로 남들도 다 그런대로 사니까, 시집 장가가고, 아들 딸 키우고 살아 왔다. 그러나 내가 주인은 해야 하니 늘 걱정이고, 불안이다.

그것이 오래 쌓여서 나이가 들어가니까 몸의 증세로 나타나고, 마음도 늘 불안 하고, 그런데도 주인 노릇은 계속 해야 하고.

"집주인" 이야기했다. 우리가 집주인이라면, 우리는 늘 익숙하고 편안할 것이다. 그런데 우리가 우리 집주인 아니면 늘 불안하다. 불이 꺼져도 불안, 어떤 물건이 어디 있는지도 잘 모른다. 문이 쾅 달혀도 무엇 때문인지 모르니까 불안. (고개를 끄덕끄덕)

그래서 이 문제의 해결책은 내가 주인 노릇 그만하고 맡겨야 한다. 맡길 분 있나? 있다. 절대적인 내 편. 바로 하나님. 세상 어느 누구보다도 내편. 세상 모든 것을 알고 계시는 분. 세상 모든 사람보다도 더 맡길 수 있는 분.

나는 삼십대에 맡겼다. 하나님 말씀(창2:7 암송) 듣고. 나는 그 말씀에 항복했다. 그리고 하나님을 만났다. 내 주인 되는 것을 포기하고 그분께 맡겼다. 절대적인 내 편에게!

그런데, 이때 놀랍게도 "저도 고등학교 때는 교회에 다녔어요. 그 후에는 안 다니다가 결혼을 한 후로는 배우자 집이 불교를 믿기 때문에 그곳에 갔어요. 아직까지 불교도 열심히는 안 믿어요" (아! 하나님!)

바로 복음을 전했다. 맡길 분에게 가는 길 – 예수님을 알려 드리고 영접기도 했다.

"이제 OOO님은 누구 자녀?" "하나님 자녀". "지금이라도 이 세상 떠나면 어디에 가신다?" "천국". 조금은 부끄러워하시며 말씀하셨다. "이제 하나님 아버지께 모든 것 맡기고 기도하세요. 마음도 편하게 하고, 몸도 낫게 해 달라고 기도하세요". 기드온 성경책도 이름을 적어 드렸다.

사례3 – 건축공학의 꿈을

오전 10시. 고3 학생. 설사가 나서 왔다. 2년 전에도 설사가 나서 한 번 온 일이 있고, 이번에 두 번째. 마침 다음 환자가 없어서 대화. "지금 고3 이가?" "예" "고3이라 바쁘겠네?" "무슨 대학 가려 하나?" "OO대학" "무슨 과 하려 하나?" "건축공학" "건축학과 건축공학의 차이점이 궁금하네" "건축학은 설계, 건축공학은 설계를 하기도 하고, 설계도를 따라 잘 만들어 내는 것"

(뜻도 분명하고, 생각도 분명하고, OO대 갈 생각할 정도로 공부도 자신 있다. 남은 문제는 하나님이 필요! 내 마음에 감동! 2년전에 이어 하나님이 보내셨구나!)

"그래. 좋은 꿈을 가졌고 뜻도 분명하니 참 좋다. 그런데 OOO이는 자신이 자신의 주인이라고 생각하나?" (인생의 핵심에 바로 돌입) 눈이 동그래져서 당연하죠 하는 표정으로 "네. 제가 제 인생의 주인이

죠" 내 말이 "그런데 가만히 생각해 보자. 내가 나의 주인이라면, 내가 내 나는 날도 정하고, 죽는 날도 정하고, 성씨도 내 마음대로 하고, 내 하는 일도 내 뜻대로 다 되고 해야 되지 않겠나."

"그런데 우리는 어떠냐? 도저히 그렇지 않다" "그러네요" "그래서 진짜 주인은 따로 있다. 우리 모두는 그 주인을 모르고, 내가 주인이 아니면서 내가 주인인 줄 착각하고 속아 살고 있는 거다" "그래요" "그래서 우리는 우리가 주인으로 살고 있으면서도 늘 불안하다. 앞일을 모르니까 염려 걱정, 두려움. 그래도 할 수 없으니 그냥 산다"

"그런데 그 주인을 만나면 진짜 내가 누구인가 알고, 내가 스스로 나의 과거 현재 미래를 알고 살게 된다. 그 주인은 바로 하나님이다!"

내 간증. 내가 만난 하나님. 창2:7. 그 말씀에 내가 항복. 하나님을 만났다. 그 후로 내가 1986년 일본 국립암센터에서 3개월 동안 토요일-주일에 내시경 사진 열심히 연구해서 조기 위암진단법을 터득하고, 돌아와서 많은 환자 진단 한 것 이야기 해주고, 또 1989년 미국 가서 1년 동안 암 연구해서 그 결과 2001년 카레성분 컬커민이 항암 효과 있다는 것도 대한소화기학회에 발표해서 텔레비전에도 나오고 그 바람에 카레가 시장에서 두 달동안 동이 나서 카레 영업이사가 항암식품 만들자고 한 이야기 등, 그 모든 내 생애가 하나님을 만나고, 하나님이 지혜 주시고, 능력 주셔서, 하나님의 은혜로 된 것을 강조! (빨아들이듯 듣는다!)

"OOO이도 그렇게 하나님 만나면 나처럼 꿈을 이룰 수 있고, 보람 있고 복된 생애 살 수 있다. 그렇게 살 생각 없냐?" "있습니다" 그러면 지금 그러자. "예" (너무 순조롭다. 확실히 결심한 모습! 감사합니다. 하나님!)

복음증거 시작. 믿음. 결신. 영접기도. OO이는 하나님의 아들. 천국 간다. "예"

기드온 성경 펴서 성경 말씀 요3:16, 1:12, 6:47. 기드온 성경에 내 이름 써서 주면서, 성경 말씀은 하나님이 자녀에게 보내는 약속의 편지. 부지런히 읽으세요. 특히 요한복음, 로마서.
기도는 하나님과 대화. "이제 OOO이 모든 것 하나님 아버지께 구하면 된다. 우리 구주 예수 그리스도의 이름으로". 교회는 하나님의 자녀들이 모이는 곳. 하이 파이브 하고, 일주일 뒤 다시 만나기로 깍지 손 약속! 그리고 간절히 기도.

사례4 - 하나님을 잘 모르겠어요

오전 11시, 검사 마치고 한숨 돌리는데 70대 환자분. 우리 병원 오랜 단골인 친구 따라 왔다. 늘 다니던 병원이 폐업하는 바람에. 늘 다니던 병원에서 맞던 빨간 영양제가 우리 병원에도 있다 해서.

혀가 갈라지고 불면증. "장이 약해서, 영양분 흡수가 불량하면 올 수 있다" 비타민 주사, 유산균 처방. 그런데 불면증약도 달라 한다. "정신신경과도 다니는데 그 약 안 먹으려고" "불면증은 약으로 해결하는 것 아니다"

그런데 갑자기 불면증 시작한 원인 이야기! 6년 전에 집을 잘못 팔아서 사기 당함. 법에 갔는데도 그것도 엉터리. 그 후로 가슴에 매여 신경쇠약. 불면증. (갑자기 아! 하나님!!)

그 불면증과 가슴 응어리는 약으로 안 된다. 사람으로도 안 된다. 딱 한 분만이 해결하실 수 있다. 교회 가자. 하나님만이 해결하실 수 있다! (그런데! 아!)

"저는 모태신앙. 00교회 다니다가 이방결혼" 그 후로 열심히 살아옴. 결혼 이후로는 교회에 다니지 않았음. 결혼하면 교회 다닌다고 하던 배우자가 교회 좀 다니다가 안 다니는 바람에, 본인도 안 다님. 그런데, 6년 전 사기 당함. 배우자는 돌아가시고.

"그럼 이제 다시 교회 열심히 다니세요" 의외의 대답! "저는 하나님 계시는지 잘 모르겠어요. 우리 형제간들은 다 교회 열심히 다니고, 권사고 그런데." 모태신앙이라면서. "000님은 오늘 이 세상을 떠나면 하나님 계시는 천국에 가실 수 있으세요?" "아뇨"

000님이 몰라서 그렇지 하나님은 계신다. 창1:1, 창2:7(내가 항복한 구절. 간증함) 그리고 그 하나님은 000님을 너무 사랑하신다! "여인은 혹시…", "머리카락까지 세신바…" "나의 앉고 일어섬을…", "너를 모태에 짓기 전에…" 하나님은 OOO님을 너무 사랑하시고, 이때까지 지켜 주셨다.

그리고, 이제 때가 되매, 내게 보내 주셔서 하나님의 마음을 전하게 하시는 거다. 생각해 봐라. 내가 OOO님이 교회 다닌 거 전혀 모르는데도 하나님 믿으라 하지 않나? 마치 내가 OOO님 인생 다 알은 것처럼. 하나님이 인도 안하시면 도저히 이루어 질 수 없는 일이다.

사실 하나님은 그동안 기다리신 거다. 멀리 멀리 간 탕자를 기다리듯이, 하나님은 OOO님이 때가 되면 돌아올 것을 알고. 그리고, 오늘 우리 병원에서 나를 통해서 하나님 마음을 전하는 거다. 집 나간 탕자를 기다리는 아버지의 마음을.

집 나간 탕자를 꾸짖지 아니하시고 좋은 옷 입혀서 잃어버린 아들이 살아온 것이 기뻐 잔치. 지금 하나님은 OOO님을 그렇게 기다리신다. OOO님은 하나님께로 가는 길을 몰라 확신이 없어서 이때까지 지낸 거다. 이제 그 길 가자. "내가 길이요 진리요 생명이니…"

복음증거. 영접기도. 기드온 성경 드리고 요3:16, 요1:12, 요6:47. 엡2:8 설명. 지금 하늘에서는 하나님이 OOO님이 아버지께로 돌아오신 것 너무 기뻐 잔치 중이심!!

사례5 - 영원한 내편 2

오전에 검진 환자로 좀 바쁜 가운데 20대 환자. OO에 근무하고 있는데 3주간의 설사와 복통으로 왔다. 가슴 통증도 있고 위경련 같이 너무 아파서 응급실에도 갔다고 한다.

이야기하는 모습에 신실하고 신중하고 충실한 것이 눈에 보인다. 갑자기 마음에 감동! (아! 아버지! 전하겠습니다).

그래서, 생활이야기 시작. OOO학과를 졸업하고, 1년 전에 OO국 OO시에 파견 근무. 관리업무를 담당해 왔다고 한다.

부모님도 같이 오셨다. 귀한 아들. 조금 있으니 회사에서도 전화. 중요한 직원. 본인과 부모님 모두 걱정스러워해서, 이 병이 만성 설사라고 설명. 그래도 검사를 하고 그 결과 보고 투약하기로 함. 결과 다른 이상은 없어서 설사 치료.

그리고 시작.
"우리 OOO님은 꼭 하나님 만나면 너무 좋겠다. 신앙 가진 것 있나요?" "아니요" "그럼 하나님을 만나서 영원한 내 편 만들자. 아버지 어머니 영원한 내 편, 그러나 늘 같이 계시지는 못한다. 그러나 하나님이 영원한 내 편이 되면 늘 같이 계시고, 항상 도움 주신다"

나도 그랬다. 환자 볼 때 불안, 염려. 하나님 만나서 믿고 다 맡기고 나니, 든든. 배짱. 환자 볼 때 기도. 그 뒤로 은혜의 삶.

"OOO님도 불안, 염려, 스트레스, 그럴 때 있지요?" "예" "이제 하나님 만나서 모든 것 맡기고, 영원한 내 편 만들자. 그래 볼래요?" 잠깐 생각하는 눈치더니 "예" (아! 하나님!)

하나님 만난다는 것은 하나님이 OOO님 알고, OOO님도 하나님 안다는 말. 그런데 그렇게 하려 하니 막힌 담이 있다. 죄의 담. 우리는 모두 죄인. 이 세상 어느누구도 예외는 없다. 그래서 죄인인 우리는 죄 없으신 하나님과 만날 수 없다.

그래서 이 문제 해결하시기 위해서 예수님 오심. 뒤이어 복음 증거로 진행. 결신. 영접기도. "이제 OOO님은 누구 자녀?" "하나님 자녀" "죽으면 어디 간다?" 웃으시며 "천국"

기드온 성경 드리고 요1:12, 3:16로 다시 구원확인. 기도하는 법 가르쳐 드리고, 필요할 때는 항상 기도하도록 강조하고 사흘 뒤에 오시기로 하고 갔다.
"하나님 아버지 감사합니다. 먼 길을 통하여 저희 병원에 보내 주시고, 귀한 자녀 삼아 주시니 감사합니다. 영원토록 함께 하사 주님이 자랑하시는 귀한 자녀 되게 하여 주시옵소서"

사례 6 - 성경책 여기 있어요

20대 환자. 목이 아파서 왔다. 착하고 성실해 보인다. 몸이 약한 것 같아서 본인이 건강검진을 원한다. 검진 예약을 한 후에 갑자기 그 청년이 무엇을 하는지 궁금해 졌다. (하나님 신호의 시작!)

"지금 뭘 하고 계시죠?" "OO대 학생인데 OO시험 준비하고 있어요" "아! OO대구나 아! OO시험 좋지" 갑자기 옛날 OO승진 시험 준비하다 내가 가르쳐 준 방법을 참고하여 합격했던 OOO이 생각났다.

그래서 내가 "시험 준비하는데 힘들죠. 내가 좋은 방법 가르쳐 드릴게" 그리고는 "각 과목마다 참고서를 모아서, 그것들을 한군데 모아 요약하고 정리해서, 자신의 것으로 만들어, 그것을 훤하게 외는 방법"을 알려 주었다.

그리고는 내가 "이 모든 방법들 위에 한 가지가 더 있어야 하는데, 혹시 교회에 다니나요?" "교회는 안 가고 있어요. 전에 친구 부친이 목사님이라서 친구 따라 교회에 얼마 동안 간 적은 있었어요" (아! 하나님)

그런데, 환자가 계속 와서, "다음에 그 이야기는 따로 하자" 하고 기드온 성경책을 주면서 읽어 보라 했다.

10일이 지난, 어제 오후에 다시 왔다. 지난번 이야기하면서, 내가 바로 하나님 소개를 했다.

"우리의 인생은 우리가 한 치 앞도 모르면서도, 그래도 우리가 주인인양 살고 있다. 그래서 늘 불안하고, 스트레스도 있다. OOO이도 그럴 때가 많이 있을 것이다. 특히 시험 준비하노라면 더욱 그럴 수 있다" "예 그래요"

"나도 그랬다 그런데 하나님 만나고 나서는 완전히 바뀌었다" (내 간증)

OOO, 고개를 끄덕인다. "OOO이도 하나님 만나면 그 모든 문제 해결된다. 하나님이 영원한 내 편이 되면, OOO이의 꿈도 이룰 수 있고"

그런데 그 하나님 만나는 길은 의외로 쉽다. 뒤이어 복음증거. 죄인. 죄의 담. 예수. 십자가. 보혈. 구속. 영접기도.

구원 확인 위해 기드온 성경 꺼내는데, 놀랍게도, OOO이 "성경책 여기 있어요" 가방 안에서 내가 일전에 준 기드온 성경책을 꺼낸다. 그동안 읽었다는 말. 얼마나 반갑던지!! (아! 하나님!)

뒤이어 요1:12, 3:16, OOO이는 "하나님 아들?" "예" "아버지 계시는 천국 간다?" "예" 기도, 성경 가르쳐 드림.

오늘 아침 토요일. 전화를 했다. 다시 한번 하나님 아들. 천국. 확인. 기도에 대해서 특히 강조. "신앙은 현실 생활이다. 일마다 때마다 기도한다. 하나님과 교통한다" 그리고, 요14:14. 내일은 친구 교회에 나가도록 권유. 중보기도도 가르쳐 주고.

"하나님 아버지 감사합니다. 예비해 두신 아들, 때가 되매 불러 아들 삼으셨사오니, 그 아들의 소원을 이루어 주시고, 아버지의 기쁨이 되게 하옵소서"

사례7 - 하나님의 은혜를 구하며

오전 11시. 지난번에도 한 번 왔던 30대 환자분. 술병으로 왔단다. (본인의 말. 본인 스스로 스스로의 생활에 대해서 생각하고, 판단내리고 있다! 내 마음이 조금 움직였다.)

술을 언제 마셨나? 어제 저녁. 한 서 너병 마셨나? 예 5병. 무엇 때문에? 회식. 지금 어디가 불편하냐? 속이 쓰리고, 배가 아프고, 기운 없고. 설사는 안했고? 예.

갑자기 내 입에서, "이제는 생활의 틀을 바꿀 때가 되었는데…" "예?"
한 번 생각해 보자. 열심히 회사 잘 다니고, 그래서 회식 자리에서도 술잔 많이 받고, 많이 마시고. 술병 걸리고^^ 좋은 것이다. 다 그렇게 산다.

그런데 그게 다일까? 내가 사는 내 인생이 과연 내가 주인일까? 과연 내가 내 인생의 주인으로 살아가는 것일까? 그렇다면 우리는 우리가 죽는 날도 알고, 우리가 죽는 날도 정하고, 우리가 태어나는 것도 조절하고 해야 진짜 주인이라 할 수 있는데 우리는 그렇지 못하다. 한치 앞을 내다 보지 못하고, 언제 죽을지 아무도 모른다.

그런데도 불구하고 우리는 우리가 우리의 주인인 것처럼 산다. 모든 사람들이 그렇게 살아 왔고, 아버지도 그렇고, 할아버지도 그렇게 사셨기 때문에, 나도 으레 그렇게 사는 것이라고 생각해 왔다. 그러나 그것은 우리가 착각 속에 속아 사는 것이다. 결국 나는 나의 주인이 아닌 것이다. (많이 수긍하는 모습!)

(바로 하나님 소개) 내가 진정 나의 주인을 찾는 길은 하나님 믿는 것이다. (눈이 크게 동그래진다).

하나님 믿으면 내가 어떤 사람인지, 나의 과거, 현재, 미래는 어떤 것인지 알고 인생을 살아가게 된다. 겉으로는 변화가 없지만, 안으로는 완전히 바뀐다. 인생의 패러다임이 바뀐다. 그것은 너무 좋다. 마치 어두컴컴한 동굴에서, 그것이 다인 줄 알고 지내다가, 밖에 나와 꽃피고, 새 우는 낙원을 발견한 것과 같다.

그 하나님 믿는데 도움 되는 책이 바로 이 책이다. (기드온 성경을 드림) 이 성경책은 하나님의 말씀인데, 모두 우리를 도와주시려고 쓰신 것이다. (도움구절 설명). 특히 요한복음, 로마서, 잠언을 읽으면 좋다. 잘 읽으시고 이 책의 주인이신 하나님을 꼭 만나시고 OOO님의 주인을 꼭 찾으시기 바란다.

간증1 - 때를 얻든지 못 얻든지

전도는 구원의 감격을 전하는 것이다. "내가 믿고 보니 너무 좋더라" 전하는 것이다. 동굴 안에 살면서 그것이 다 인줄 알았던 자가 동굴 밖에 나와서 낙원을 보니 너무 좋아서, "암흑의 동굴, 죽음의 동굴에서 어서 벗어나라"고, "와 보라" 전하는 것이다. 인생의 답(하나님-예수)을 전해 주는 것이다.

그것은 마음의 천국을 전달하는 것이다. 세상 풍파에도 이길 수 있는 마음의 평강과 기쁨을 전하는 것이다. 그것은 광야 같은 이 세상에서, 천국을 향하여 나아가는 나그네 여정에서 때로는 어려움이 닥쳐와도, 때로는 실망과 좌절이 잠깐 있을지라도, 독수리 날개쳐 올라감 같은 강건함으로, 세상이 줄 수 없는, 세상이 흔들 수 없는, 마음의 평안과 기쁨을 증거하는 것이다. 같이 나누자는 것이다.

그래서 와 보라! 그래서 그러한 기쁨과 평안을 맛보고 가진 자가 힘 있게 증거하는 것이 전도다. 마음의 확신(믿음의 내용)을 담대히 전하는 것이다. 일상생활에서 자연스럽게, 그러나 잔잔하게, 강물처럼 흘러나오는 생수를 나누어 주는 것이다. 생활의 일부다. 거창하게 운동하는 것 아니고, 꼭 필요한 자에게 꼭 필요한 것 주는 것이다. 목마른 자에게 생수 주는 것이다. 하나님을 만나게 해주는 것이다.

그러나, 실제 생활에서 이를 실행하기에는 어려운 때도 많다. 왜 그런가?
전도하면 성공해야 한다는 강박관념. 성과 위주. 실패에 대한 두려움. 내 스스로의 확신을 확신못함. 흘러나올 생수가 없다? 나도 기쁘지 않은데! 사회생활에서의 여러 조건에 억매여서. 전해도 믿겠나? 나만 이상한 사람 되지 않을까? 그저 신앙생활 하면 되지 뭐. 별나게 전도는 뭐. 신앙의 꾸둥살. 다 그런 거지 뭐. 호들갑 떨지 말자.

그 모든 핑계 버리고, 성과에 대한 욕심 버리고, 담담하고 소박하고 진솔함이 필요하다. 겸손함과 개방된 마음이 필요하다. 논쟁이 아니고 증거다. 그리고 꾸준함이 필요하다. 그 모든 결과는 주님께 맡기고, 나는 그저 입을 벌린다. 때를 얻든지 못 얻든지. 전도는 주님이 책임지신다. 구원받고 안 받고는 주님이 결정하신다.

우리는 도구. 통로. 우리의 할 일만 하면 된다. 무익한 종.

👑 사례 8 - 내 마음이 문제

50대 환자. 목이 답답하고, 속이 불편해서 내시경 후, 역류성 식도염으로 치료중. 목이 답답하고 아프기는 수 개월. 이비인후과에 몇 군데나 가서 치료해도 효과 없음. 혈액검사나 다른 검사 상으로도 이상 없음. 우리 병원약도 2주나 먹어도 차도 없음.

그런데 아픈 것이 어떤 때는 좀 좋다가 어떤 때는 더 심해짐. 오늘 병원에 오니 또 괜찮다. 네~. 그렇군요. 친구하고 기분 좋으면 좋아지죠? 스트레스 있으면 아프죠? 그래요. 어찌 보면 내 마음에 따라 변하는 것 같기도 해요.

(눈이 반짝. 보내 주셨구나!)

그래서 내가 "맞아요. 내 마음이 문제이네요. 마음만 해결하면 되겠네요! 그런데 그 마음 다스리는 게 보통 어려운 일 아니죠.

저도 옛날에는 마음이 뒤죽박죽. 그래서, 의사 면허 따 놓고도 마음이 헝클어져 있어서 건강도 약했어요. 그런데 저는 어느 날 그 해결책을 찾았어요. 그 뒤 몸도 건강. 마음이 해결돼서 그래요. 그리고 항상 기쁘게. 어떻게 해서 그리되었는지 한 번 들어볼래요?" "예."

그 해결책은, 그 길은... 복음 증거. 결신. 기도.

그 후, 기드온 성경드리고, 전도용 볼펜도 다섯 개 드리고! 성경말씀 확인. 요1:12, 요6:48, 요3:16. 이미 해결 받았다. 이제부터 성경책은 우리 하나님 아버지 말씀. 요한복음 읽도록. 기도도 설명. 교회도 설명 드림.

마무리기도. "하나님의 귀한 자녀 되었사오니, 더욱 믿음 자라게 하시고, 지금부터 영원토록 함께 하시고, 인도하여 주시옵소서"

"하나님이 세상을 이처럼 사랑하사 독생자를 주셨으니 이는 그를 믿는 자마다 멸망하지 않고 영생을 얻게 하려 하심이라" (요3:16)

간증2 - 마음만 먹으면 주신다 : 젊은 환자의 꿈

20대 환자분. 성인병검진 1차 검사하러 왔다. (느낌. 입을 열자.) 요새 별다른 증세는 없나? 피곤. 빵, 밀가루, 국수 많이? 술도? "예" 그럼, 소화도 안되고, 가스도 찰 수 있는데. "네! 맞아요. 요 근래 서너 달 계속 그래요!"(딱 맞추어서, 라포 형성). 지금 뭐 하고 있나? 건축일. 현장근무. 직책 주임. 앞으로 꿈은? 건축회사 하나 만드는 것. (아! 처음 느낌대로 준비되어 있구나! 계속 진행!). 거기에 필요한 준비는? 인맥 쌓는 것. 중요. 그보다 더 필요한 것은?" 잘 모르겠는데요?" 지혜, 창의력, 비전. 그런데 현실은 레드 오션. 피 튀기는 경쟁. 특히 건설업계. 모두 인간 지혜의 싸움. 오십보 백보. "그렇죠." 블루오션 해야 한다. 레드 오션을 뛰어넘는. 경쟁상대가 없는. 그러자면 인간의 피-지혜(레드 오션)로는 안 된다. "그럼 뭐예요?" 천맥-하늘의 지혜(블루오션). 십자가의 붉은 색-피-보혈. 그에 대한 것-기드온 성경. 이 안에 하늘의 지혜(블루오션)가 있다. 특히 요한복음과 로마서. 열심히 본인이 찾는

다.(적극적 자세) 다음 7일 뒤 결과 보러 올 때는 오후 4시경에 와서 더 이야기하자. 약속. "네, 오후 4시경이 좋군요.(기대 높다)" "감사합니다. 안녕히 계세요" 기쁜 모습으로 갔다. 다음은 복음증거. 하나님께 기도함.

눈을 뜨고 있으면 만나게 해주신다. 우리 아버지 자랑할 준비가 되어 있으면 자랑할 기회를 주신다! 많다. 너무도 많다. 아직도 길을 못 찾아 헤매는 젊은이들이 너무도 많다. 이 홍수처럼 범람하고 있는 지식과 이념과 철학 속에서 정작 젊은이들은 고달프다. 갈급하다.

그 어느 것도 완전한 해답이 되지 못하므로 그 많은 것들을 접하고도 젊은이들은 목마르다. 평생을 쥐고 가야 할 깃발이 없다. 일생동안 밝혀 둘 등불이 없다. 꿈도 아련하다. 비전도 희미하다. 그래서 온갖 데를 기웃거리지만, 답은 보이지 않는다. 학교서도 가르쳐 주지 않았다. 부모들도 바빠서 전수해 주지 못했다.

그러나 그들의 영혼은 아직도 순수하다. 비록 세상 것들에 찌들려 잠시 파묻혀 있더라도, 진정한 해결책이 있다면 눈을 반짝이며 흡수하고, 자기들의 것으로 만들 준비가 되어 있다.

눈을 뜨고, 아버지의 마음으로 세상을 보면, 우리 주위에 그런 젊은 영혼 너무 많다. 우리가 몰라서 그렇지. 우리가 눈을 뜨지 않아서 그렇지. 우리가 관심을 갖지 않아서 그렇지. 우리가 "다 그런 거지 뭐" 해서 그렇지. 우리가 우리 마음대로, 이미 끝났다고 생각해서 그렇지.

우리 하나님은 시시한 분이 절대, 절대 아니시다. 천지를 지으시고 만유를 주관하시며, 우리의 세미한 신음에도 응답하시는, 우리를 너무도 사랑하시고, 너무도 멋지신, 영광의 주, 은혜의 주, 능력의 주, 우리 아버지 하나님이시다. 우리가 원하고 소원하는데 능력이 없어서 답하지 못하실 분이 절대 아니다.

우리가 스스로 하나님의 능력을 믿지 않아서 그렇지. 우리가 스스로 하나님의 능력을 우리 마음속에서 제한해서 그렇지. 우리가 스스로 우리 마음으로 하나님을 교회당에만 묶어 놓아서 그렇지. 우리가 스스로 "실질적인 무신론자"처럼 살아서 그렇지. 하나님은 예배당에다 모셔 두고, 바깥세상은 하나님 안 계시는 것처럼, 자기 생각대로 살아가서 그렇지. 하나님 제쳐 두고, 자기가 결정하니까 그렇지.

죽어 가는 세상의 불쌍한 영혼들을 눈을 뜨고 바라보기 원한다. "하나님을 떠난 인간의 비참"을 영적으로 깨달기 원한다. 아버지의 마음을 알기 원한다. 그래서 때를 얻든지 못 얻든지, 담대히 입을 열어 우리 아버지 자랑하자. 죄로 인하여 죽음이라는 질병을 앓고 있는 죽어 가는 영혼들에게 생명을 전하자. 천국을 소개하자.

"영원한 내 편"을 알려드리자. 레드 오션 아닌 블루오션을 선물하는 통로가 되자. 인간들의 피가 튀기는 레드 오션이 아닌, 십자가 보혈의 은혜의 "블루오션의 주인"을 증거하자. 이제는 일어나서, 있는 그 자리에서, 생활 가운데서 증거하자.

우리가 마음만 먹으면 하나님은 사람과 기회를 주신다. 지하철에서도 주시고, 길가다가도 주시고, 택시타고 가다가도 주시고, 등산하다가도 주시고, 산보하다가도 주시고, 업무 보다가도 주신다. 사업하다가도 주시고, 거래처 만나다가도 주시고, 손님 접대하다가도 주신다. "구자영내과의원"에만 주시는 것은 더더욱 아니다.

사람과 기회만 주시는 것이 아니라, 할 말도 주신다. 그때그때 필요한 지혜도 주신다. 담대함도 주신다. 믿음과 긍정적인 마음도 주신다. "되겠나"가 아니라, "된다"를 주신다. 생활환경도 바꾸어 주신다. 건강도 책임져 주신다.

믿음도 바꾸어 주신다. 우리 아버지 자랑할 마음만 먹으면! "안드레"가 말한 것처럼, 와 보라! 해 보라! 그러면 알 것이다. 기뻐할 것이다. 왜냐하면, 전도는 우리 아버지 하나님이 너무도 기뻐하시는 일이기 때문에!

내가 너희에게 이르노니 이와 같이 죄인 한 사람이 회개하면 하늘에서는 회개할 것 없는 의인 아흔아홉으로 말미암아 기뻐하는 것보다 더하리라(눅15:7)

이르시되 우리가 다른 가까운 마을들로 가자 거기서도 전도하리니 내가 이를 위하여 왔노라 하시고(막1:38)

직업이, 환경이, 교육이, 빈부, 남녀노소가 문제되지 않는다. 그래서, 우리 모두 입을 벌려 증거함으로, 하나님 아버지 기쁘시게 해드리고, "실질적인 무신론자"의 모습을 벗어나자.

사례9 - 전 지구를 대상으로

오전 10시. 오늘 따라 검진 환자가 뜸해서 시간이 나는데, 지난 번에도 설사를 해서 찾아 왔던 20대 환자 OOO. 술도 먹고 빵도 좋아하고. 어제는 술하고 매운 것 같이 먹고 탈났다. 진료확인서도 필요하다 해서 직장에 내느냐고 물었더니 아니라고.

그래서 지금 무엇 하고 있나? 학생. OO물류학교 재학 중. 과 잘 택했다. 예. 적성에 맞는 것 같다. 그런데 그거 공부해서 뭐하려고? 회사 차리고. 그 다음은? 돈 벌어서 잘 살고 효도도 하고.
(순간, 하나님, 믿고 진행하겠습니다)

그래 회사 차리고, 그것도 좋지만 자네가 진짜 물류를 잘하려면 지구 전체를 봐야 한다. 물류가 뭐고. 물류는 한자 그대로 물건을 흐르게, 유통하게 하는 것. 그래서 무역물류는 물건을 외국으로 유통시키는 것.

예를 들면, 우리나라 심심산골의 백도라지를 그대로 뉴욕백화점에 갖다 놓고, 뉴욕의 물류를 대한민국으로 가져오면 훌륭한 무역물류. 지구 전체를 대상으로 생각하고 그 물류를 잘함으로써 많은 사람들이 행복해하는 그것을 목표로 삼는 것이 중요!

그런데 그보다 더 중요한 것이 있다. 자네한테 설명 안 들어도 내가 물류에 대해서 꽤나 잘 알재? 왜냐하면 나는 나에게 필요한 것들을 바로 가르쳐 주시는 분이 계시기 때문. 사실은 자네에게 꼭 소개 드리고 싶은 분이 그분이다. 물류의 원조. 지혜의 원조. (엄지 척)

그분을 알면 자네의 모든 꿈들이 이루어 질 수 있다. 지금까지 내 생활도 내가 그분을 믿고 그분의 은혜로 많은 일들을 해 온 것이다. 그분이 누구신지 궁금하지 않나?

"예. 궁금해요." "그분은 바로 내가 믿는 하나님!" "아 그래요?" "그 하나님을 알고 싶지 않나?" "알고 싶어요."

"하나님을 안다는 것은 내가 하나님을 알고 하나님도 나를 아는 것." 그런데 실제로 우리는 하나님을 알 수 없고 또 알려도 하지 않는다. 왜냐하면 우리 모두는 죄인이고 우리가 지은 죄 때문에 죄가 없으신 하나님과 죄라는 담으로 막혀 있기 때문이다.

그런데 이 죄의 담을 없애기 위해서는 우리 모두가 죽어야 하는데 우리가 죽으면 아무 일도 안된다. 그래서 하나님의 아들 예수님이 오신 것이다.

예수님은 2000년 전에 우리 대신 우리 죄를 지시고 십자가에 못박혀 피흘려 돌아가시고 다시 사심으로써, 우리 죄를 몽땅 탕감해 주셨다. 이제 우리는 그런 예수님을 믿으면, 죄가 해결되어서 하나님의 아들로서 하나님과 만날 수 있는 것이다. 이것이 하나님 만나는 길이다. OOO도 그렇게 믿고 하나님의 아들이 되고 싶나? 예. (아! 하나님 감사합니다)

복음증거. 결신기도. 기드온 제작 성경 드리고. 성경구절 요1:12 자녀가 되는 권세. 요3:16 하나님의 사랑, 예수님의 은혜. 요6:47 이미 천국, 영생을 가짐. 엡2:8 우리 공로가 아닌 하나님의 은혜.

"이제 이 세상 떠나면 나와 어디서 만난다?" "…천국"(감사합니다. 아버지) "앞으로 그 하나님 아버지께 필요한 것 다 기도해라. 하나님 아버지는 'OOO이의 영원한 내편' 이다." 기도하는 법 가르침. 같이 기도하고 갔다.

"하나님 아버지 입을 열고 증거했습니다. 주의 귀한 자녀로 삼아주셨사오니 그 걸음 하나하나 영원까지 인도해 주옵소서"

사례 10 - 가장 중요한 준비

우리병원에 늘 오시는 환자분이 아들을 데리고 오셨다. 20대 OOO. OO에서 영어 수학 차 갔다가 취직하게 되어 수년 동안 있다가, 가족 결혼식 때문에 나왔다고 한다. 아픈 증세는 어머니처럼 늘 장이 약해서 무른 변 보고, 배가 아플 때도 있으나, 일상생활에 지장 줄 정도는 아님. 그러나 엄마는 걱정이 되어 환자를 데리고 옴.

경한 기능성장염으로 판단되어 음식이랑 주의할 것들을 이야기해 줌. 그리고, 호주에 영어 공부하러 갔다고 해서 "사실 지금은 영어를 모국어처럼 하는 것이 가장 중요하다. 어느 정도냐 하면, 미국인들이 농담하는 것 알아듣고 같이 웃을 수 있고, 잘못되어진 일이 있을 때 바르게 항의하고 고칠 수 있는 정도가 되면 어떤 직업을 해도 다 할 수 있다"

"네 그래요." 공감. "그래 열심히 영어 공부해서 하고 싶은 일 마음껏 해라. (순간 아! 하나님! 그대로 진행합니다!) 계속 이야기를 이어 갔다.

"그런데 거기에 한 가지가 더하면 진짜 좋다"
"내가 지금까지 이야기한 것은 "몸-건강, 직업-생활"에 관한 것이었는데, 거기에 꼭 더 필요한 한 가지. 영혼의 문제다. 바로 하나님을 만나야 한다.

세상은 불확실하고 험하다. 혼자 헤쳐나가서 꿈을 이루어 가기 위해서는 도움이 필요하다. 이때까지는 부모님이 그 역할 하셨다. 그러나 한계가 있고, 지금은 OOO이 스스로 결정하고 행동해야 한다.

그래서 하나님을 만나서 "영원한 내 편"으로 모시고 함께 하면 그 문제도 해결된다. 하나님이 영원한 내 편이 되고, 하나님이 나와 함께 하시면 진짜 좋다. 모든 지혜와 능력을 얻을 수 있다. 힘들 때 위로도 주신다. 용기도 주신다. 환경도 조정해 주신다. (내 이야기에 귀 기울인다! 하나님 감사합니다!)

그렇게 하려면 하나님과 교통해야 하는데, 죄인인 우리와 죄가 없으신 하나님과는 죄의 담이 가로막혀 바로 만날 수 없다. ("해적선의 해적" 이야기함)
그래서 하나님은 그 문제를 자기의 외아들 예수님을 이 땅에 보내서서 해결하셨다. 연이어 복음증거 (거부의 모습이 없다!)

"마음에 믿고 받아 들이시겠습니까?" "예" (할렐루야!, 너무 순조롭다!!! 하나님 감사합니다) "이제 마음에 믿은 것 입으로 고백합니다" 연이어 영접기도.

이제 OOO이는 하나님의 자녀!" "네" "하나님 아버지 계시는 천국에 갈 수 있다!" "예" 기드온 성경 드리고 요1:12 말씀만 나누고 바빠서 감.
(오후 2시에 전화해서 내일 아침에 혈액검사위해 다시 오기로 함. 전화할 때, 하나님 아들임을 재확인!)
"하나님 아버지 너무도 감사합니다. 만세전에 택하신 영혼, 이제 아버지의 자녀로 불러 주셨사오니, 영원토록 인도하사 아버지의 기쁨이 되게 하소서"